Heidi Howcroft

Gestalten mit Holz im Garten

Bodenbeläge • Holzdecks • Zäune •
Rankgerüste • Holzkisten • Gartenbauten •
Grüner Holzbau • Flechtwerke

Im Andenken an Peter Howcroft (1962–2021)

Die Arbeitsanleitungen und Anwendungsempfehlungen in diesem Buch wurden nach bestem Wissen zusammengestellt. Für die praktische Umsetzung lassen sich daraus jedoch keine Haftungsansprüche gegenüber der Autorin oder dem Verlag ableiten.

Bibliografische Information der Deutschen Nationalbibliothek

Die Deutsche Nationalbibliothek verzeichnet diese Publikation in der Deutschen Nationalbibliografie; detaillierte bibliografische Angaben sind im Internet unter http://dnb.d-nb.de abrufbar.

Unsere Bücher werden nach höchsten Ansprüchen an Nachhaltigkeit und Ökologie produziert und wir optimieren ständig weiter:

➤➤ Papiere und Pappen sind FSC® oder PEFC™ zertifiziert
➤➤ Druckfarben auf Pflanzenölbasis
➤➤ Druckplattenbelichtung komplett chemiefrei
➤➤ Klebstoffe lösungsmittelfrei
➤➤ 100% Öko-Strom bei Druck und Bindung
➤➤ Müllvermeidung und Recycling bei der Produktion
➤➤ kurze Wege, gedruckt in Deutschland

ISBN 978-3-936896-67-1

5. Auflage 2021
© ökobuch Verlag GmbH,
   Königstr. 43, 26180 Rastede
   E-Mail: verlag@oekobuch.de
   http://www.oekobuch.de

Druck: Grafisches Centrum Cuno, Calbe

FSC
www.fsc.org
MIX
Papier aus verantwortungsvollen Quellen
FSC® C043106

Titelfotos:
oben links: Heidi Howcroft
oben mitte: George Meister
oben rechts: Gary Rogers
Mitte: Gary Rogers, Design: Dan Pearson (Evening Standard Garden CFS)
unten links: Heidi Howcroft, Design: Serena de la Hey (Lost Gardens of Heligan, England)
unten rechts: George Meister, Design: Wolfgang Niemeyer + Arch. Robert Rappold

Inhalt

Holz im Garten

Der Einsatz von Holz im Garten ist für alles, von der Einfriedung bis zur Gartenbank, so selbstverständlich, dass wir dem Thema oft keine Beachtung schenken. Es ist Zeit, dies zu ändern und uns an die Zusammenhänge zwischen dem Urmaterial Holz, dem Garten und dem Handwerk zu erinnern und daraus Inspirationen zu gewinnen.

Gerade jetzt, wo Nachhaltigkeit im Gespräch ist, lohnt es sich, einen Blick in die Vergangenheit zu werfen und daraus zu lernen. Aus diesem Grund habe ich Fotos der Bauanleitungen, die in den 1990er Jahren aufgenommen wurden, in dieser Neuauflage beibehalten. Die Mode mag sich ändern, die Zunftskleidung aber nicht, und fachgerechte Handwerkstechniken tun es erst recht nicht. Sie sind erprobt und auf das Material und seinen Einsatz abgestimmt. Die weitläufigen Wälder früherer Zeiten lieferten genug Material für alles, vom Löffel bis zur Behausung. Das Leben drehte sich um Holz. Man nahm das Holz, das vor Ort wuchs, und entwickelte Techniken, um es zu bearbeiten. So hatte jede Region ihre eigene „Holzsprache". Sie ist eng verbunden mit der Landschaft und ein Teil von deren Identität und Kultur. Aus der allgemeinen Tätigkeit des Holzarbeiters entwickelten sich die Holzhandwerksberufe, der Zimmermann, der Tischler oder Schreiner, der Schäffler oder Böttcher, der Drechsler, der Korbflechter, heute Flechtwerkgestalter genannt, und weitere. Sie alle waren und sind Experten auf ihrem Gebiet, und alle spielen eine Rolle in der Ausstattung des Außenraums.

Ziel des Buches ist es, die Bandbreite von Einsatzmöglichkeiten für Holz im Garten aufzuzeigen, das Bewusstsein für fachgerechtes Handwerk zu fördern und so als Inspiration für in-

2

Vielseitig und ausdrucksvoll, unterschiedliche Facetten von Holz im Garten.

1 (linke Seite) Lebendig und kreativ: eine Flecht-skulptur aus Weide, erstellt von den Gärtnern in Drum Castle Garden, Schottland.

2 Formal, zweckmäßig und mit Stil. Eine maßgefertigte und gestrichene Sitzbank vor einem Gartenschuppen, der nicht versteckt, sondern im Mittelpunkt steht. Der englische Gartendesigner George Carter versteht es, gewöhnliche Gegenstände zu etwas Besonderem zu erheben.

dividuelle Lösungen zu dienen. Neben dem Arbeiten mit Bauschnittholz werden auch Naturholz sowie Flechtwerk im Buch vorgestellt. Ob es um eine Pflanzenstütze, ein Spalier oder eine Sitzbank geht, der Werkstoff Holz reizt zum Selbermachen. Daher sind, zusätzlich zu den Gestaltungsbeispielen auch einige Schritt-für-Schritt-Anleitungen beigefügt. Bei manchen ist der Schwierigkeitsgrad gering – bei anderen, wie beispielsweise der Spielhütte – höher. Wichtig ist, die Grenzen der eigenen Fähigkeiten ehrlich einzuschätzen und zu wissen, wann ein Fachmann eingeschaltet werden muss.

Besonderer Wert wird auf die Verwendung von heimischem Holz gelegt. Hinweise über Holzarten, Holzverbindungen und Holzschutz sind im technischen Teil enthalten. Es gibt jedoch einen weiteren Aspekt von Holz im Garten, nämlich die Gehölze, die wir anpflanzen. Heute werden Bäume und Sträucher primär wegen ihres Zierwerts, nicht nach ihrem Nutzwert, ausgesucht. Pflanzstützen und Rindenmulch werden in der Regel im Gartencenter gekauft, nicht im Garten „geerntet". Zweck und Zier-

de lassen sich aber kombinieren. Äste und Zweige, beispielsweise von Haselsträuchern, Kornelkirsche, gar von Hainbuchen können alle zu Gartengegenständen verarbeitet werden. Naturholz zu verarbeiten, gehörte in der Vergangenheit zur Aufgabe des Gärtners oder Bauern. Es ist an der Zeit, sich darauf wieder zu besinnen.

Das Buch ist eine aktualisierte Neuausgabe des im Jahre 1998 veröffentlichten Bandes „Bauen mit Holz im Garten", der wiederum Informationen aus meinem längst vergriffenen Buch „Zäune, Gitter, Tore" enthält. Auch basiert es auf drei Ausstellungen, die ich in den 1980er Jahren zusammen mit Peter Nickl in der Galerie Handwerk München ausrichten durfte. Wie damals ist es mir auch heute ein Anliegen, traditionelle Handwerkstechniken zu dokumentieren und zu zeigen, wie sie heute noch Gültigkeit haben. Es ist Ihnen überlassen, wie Sie dieses Wissen einsetzen. Lassen Sie sich von der großartigen Welt von Holz im Garten inspirieren!

3

4

5

Bodenbeläge aus Holz

Kaum eine andere Belagsart ist so vielseitig wie Holz – von Holzhäckseln für Wege in naturnahen Gärten bis hin zu Holzdecks in modernen minimalistischen Gärten: Für jede Situation gibt es etwas Passendes. Es ist nicht allein die Ausstrahlung des Materials, sondern auch die Qualität des fußfreundlichen fertigen Belages, was Holz beliebt macht.

Jeder Belag wirkt natürlich am besten in einer für ihn passenden Umgebung. Dies sollte bereits bei der Auswahl berücksichtigt werden. Häcksel z.B. benötigt eine naturnahe oder gärtnerische Umgebung. Holzpflaster ist eher für kleinere Bereiche und Sondersituationen im Garten geeignet. Die scharfen Konturen von Holzdecks dagegen sind bestens im Zusammenhang mit klarer Architektur oder an ruhigen Wasserflächen angesiedelt. In allen Erscheinungsformen haben Holzbeläge im Vergleich zu anderen Bodenbelägen den eindeutigen Vorteil des schnellen Aufwärmens und Trocknens. Mit Ausnahme von komplizierten Holzdecks können Holzhäcksel, Rund- und Kantholzpflaster, Holzroste, aber auch einfache Holzdecks ohne große Vorkenntnisse und Aufwand selbst gebaut werden.

Der Aufbau des Holzbelags

Wege und Plätze im Garten gelten als Flächen mit schwacher Belastung. Von den Holzbelägen ist nur Kantholzpflaster für das Befahren mit Pkws geeignet, alle anderen Belagsarten entsprechen nicht den technischen Voraussetzungen.
Der Aufbau eines Weges oder Platzes setzt sich, von oben nach unten gesehen, zusammen aus:

- Decke, bestehend aus dem Belag und der Bettung oder Rahmen.
- Oberbau, auch Tragschicht genannt, eine frostbeständige wasserdurchlässige Schicht, frei von erdigen, lehmigen oder pflanzlichen Bestandteilen. Auf keinen Fall darf Schuttmaterial aus dem Garten verwendet werden. Je höher die Belastung, desto stärker müssen die Tragschichten sein.
- Unterbau. Er trägt die oberen Schichten und leitet Wasser schnell ab. Auf kiesigem Untergrund ist es nicht notwendig, den Unterbau zu verbessern, auf lehmigen oder moorigen Böden ist dies unbedingt erforderlich.
- Untergrund, d. h. dem anstehenden Boden.

In vielen der hier abgebildeten Beispiele ist die Belastung so gering und der Unterbau ausreichend sickerfähig, dass nur eine Tragdeckschicht ausgeführt wird.

Hinweise:

- Unbehandeltes Weichholz hat eine verhältnismäßig kurze Lebensdauer.
- Bei allen Holzbelägen droht bei Nässe Rutschgefahr. Für einen besseren Halt auf Holzdecks und Stegen sind Bretter mit geriffelter Oberfläche empfehlenswert.
- Holz im direkten Bodenkontakt fault schneller als Holz, das an allen Seiten austrocknen kann.

3 Ein sehr provisorischer, billiger, aber zweckmäßiger Bretterbelag im Gemüsegarten.

4 Breite Blockstufen in einem Waldgarten, hinterfüllt mit Kies.

5 Holzdecks schaffen eine wohnliche Atmosphäre im Garten.

Qualitäten

Im Handel erhältlicher Rindenmulch besteht überwiegend aus Fichtenrinde, dessen Qualität durch die Gütegemeinschaft Rinde für Pflanzenbau (RM 1-5) kontrolliert ist. Je nach Körnung wird unterschieden zwischen

RM 1+2	10 - 80 mm
RM 1	10 - 80 mm
RM 3	0 - 40 mm
RM 4	0 - 80 mm
RM 5	20 - 80 mm

6 Holzhäcksel sind ein idealer Bodenbelag im Waldgarten. Hier in Jimi Blakes Garten in Irland geht der Weg wie selbstverständlich in den Sitzplatz über.

7 Gute Partner: Beeteinfassung aus Brettern und Holzhäcksel am Weg im Bauerngarten.

8 Zeitgenössisch und natürlich: Holzhäcksel wurden einheitlich als Bodendecke über den Garten gestreut, der Weg ist durch eine Cor-Ten®-Stahl-Einfassung vorgegeben. Yeo Valley Organic Garden, England.

Holzhäcksel – vom Nebenprodukt zum Bodenbelag

Wer ein Häckselgerät besitzt oder ausleiht, kann anfallendes Holz vom Gehölzschnitt zerkleinern und als Bodenbedeckung im Garten verwenden. Allerdings ist auf die Korngröße zu achten, denn weder zu grobes noch zu feines, torfähnliches Material ist gewünscht, vielmehr soll eine Mischung von 3 bis 5 cm großen Feinteilen hergestellt werden. Dieses ungebundene Material wird als Streudecke in 3 bis 10 cm Stärke einfach auf den fachgerecht vorbereiteten Untergrund aufgebracht.

Mit der Zeit arbeiten sich die kleinen Teile nach unten, während die größeren an der Oberfläche bleiben. Hat die Fläche keine Einfassung, wandern die Teile, und es ist notwendig, von Zeit zu Zeit frisches Material aufzutragen. Niederschlags- und Schmelzwasser werden vom Holz aufgenommen und bei wärmerem Wetter langsam wieder verdunstet. Gehwege, die häufig beansprucht werden, sollten daher mit einem guten, sickerfähigen Untergrund versehen werden, sonst verwandelt sich die Fläche nach jedem Regen in einen matschigen Brei. Trotz der Nachteile handelt es sich hier um eine der billigsten Belagsarten, für die es in manchen Situationen keinen vergleichbaren Ersatz gibt.

Rundholzpflaster

Rundholzpflaster ist ein einfacher, im Vergleich zu Naturstein- und Klinkerpflaster kurzlebiger Bodenbelag, der sich in naturnahe Gärten gut einfügt. Die zwischen 10 und 20 cm starken entrindeten Fichtenstammabschnitte sind im Durchmesser von 6 bis 30 cm erhältlich – falls gewünscht auch größer. Rundholzpflaster ist nicht genormt und wird im allgemeinen als gemischte Ware geliefert. Die Verlegung erfolgt wie für alle Pflasterflächen auf einem fachgerecht ausgeführten Unterbau.

Da bekanntlich direkter Bodenkontakt für Holz eine Gefahr darstellt, ist stehende Nässe zu vermeiden. Das Pflaster ist mit Gefälle zu verlegen, so dass Niederschlagswasser schnell abfließt. Deutliche Nachteile von Rundholzpflaster sind die Rutschgefahr bei Nässe, die Neigung zur Moosbildung in beschatteten Standorten und eine kurze Lebensdauer (je nach Standort ca. 10 Jahre). Kesseldruckimprägniertes Pflaster mag zwar etwas langlebiger sein als unbehandeltes Holz, sehr nachteilig ist allerdings, dass Gifte aus der Imprägnierung in den Boden eindringen können.

Gestalterisch ist zu bedenken, dass Rundholzpflaster eine starke optische Wirkung hat, die stets in den Vordergrund tritt, was nicht immer vorteilhaft sein muss.

Tipps zur Gestaltung
- Das Pflaster immer im unregelmäßigen Verband verlegen.
- Dem Querschnitt des Materials entsprechend wirken organisch fließende Formen am besten.

Tipps zum Standort
- Rundholzpflaster bevorzugt in einer naturnahen Umgebung (Wiese, Waldrand) einsetzen.
- Starke Tropfnässe ist wegen der dann glitschigen Oberfläche zu vermeiden (mit ausreichendem Gefälle verlegen)
- Um Rissebildung einzuschränken, sind Standorte günstig, die keinen starken Feuchtigkeits- und Temperaturschwankungen ausgesetzt sind.

9 Rundhölzer als Trittsteine und Äste als Wegeinfassung im Sumpfgarten von Lowder Mill, England.

10 Ein Rundholzpflasterweg im Garten. Die angrenzende Pflanzung geht in den Belag über.

Verlegeanleitung: Sitzplatz aus Rundholzpflaster

Arbeitsablauf

Material

Fichten-Rundholzpflaster, Durchmesser 6-25 cm.
Bettung: Sand, Körnung 0,5 mm, frei von lehmigen Teilen. Nach Bedarf vermischt mit Promenadengrand (Wasser-Zement-Gebinde). Lokal vorkommendes Material als Bettung, z.B. Splitt, Edelsplitt, Kies

11 Statt kleiner Rundhölzer kann der Zwischenraum auch mit Kies gefüllt werden.

Vorbereiten des Pflasterbettes

1. Fichten-Rundhölzer bereitlegen
2. Den zu pflasternden Bereich abstecken und auskoffern. Aushubtiefe je nach Bodenbeschaffenheit. Bei sickerfähigem Boden mit geringer Verkehrsbelastung (Fußgänger) reicht als Aushubtiefe die Höhe des Pflasters plus des Bettes zuzüglich 1 cm, hier 16 bis 20 cm. Den Untergrund mit Gefälle planieren. Bei einem nicht überdachten Platz sollte die Mitte höher liegen und ein gleichmäßiges Gefälle in alle Richtungen angelegt werden (Kreuzdamm).
3. Die Mitte mit einem Eisenpflock markieren, eine Richtschnur 1 cm höher als die fertige Höhe des Belags spannen, Aushubtiefe mit der Wasserwaage prüfen und wenn nötig nachbessern.
4. Das Sandbett 5 bis 10 cm stark gleichmäßig aufbringen, mit den Füßen oder einem Rüttelstampfer einstampfen, und die Höhe überprüfen. In diesem Beispiel wird Zement (Promenadengrand) auf das Sandbett aufgetragen und bei-

gemischt. Dies ist nicht immer notwendig und dient hauptsächlich zur Stabilisierung und Bindung des Betts bei hoher Belastung (nicht bei Splitt oder feinkörnigem Kies einsetzen). Höhe und Gefälle der Bettung mit einer Wasserwaage prüfen und mit einer Latte glattziehen.

Verlegen

5. Sorgfältig die äußere Reihe des Sitzplatzes setzen, dabei die Rundhölzer leicht in das Sandbett drücken. Die Rundhölzer liegen 1 bis 2 cm über der Höhe der angrenzenden Fläche.
6. Das Mittelpflaster setzen und erst einmal einzelne Rundhölzer verteilen. Die Fläche zwischen Außenkante und Mitte blockweise pflastern, bis der Belag geschlossen ist. Die Rundhölzer eng an eng setzen mit etwa 0,5 - 1 cm Abstand voneinander, keinesfalls knirsch, eventuell Passstücke mit kleinerem Durchmesser dazwischen setzen.
7. Die Fläche mit einem Holzbrett schützen und gleichmäßig mit einem Hammer festklopfen. Nie direkt auf das Pflaster schlagen.
8. Auf die fertig verlegte Fläche Fugenmaterial streuen und unter Beigabe von Wasser einkehren. Anschließend mit einem Gummirüttler verdichten und die Fläche auf Endniveau bringen. Nochmals einstreuen und mit dem Besen verteilen, bis die Fugen satt gedichtet sind.
9. Den Sand oder Splitt nicht sofort entfernen, sondern mehrere Tage liegen lassen. Die Fläche kann aber betreten und benutzt werden.

Ausführung:
Gerhard Weber,
Garten- und Landschaftsbau
22391 Hamburg

Kantholzpflaster

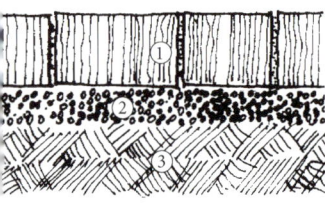

Aufbau Rund- oder Kantholzpflaster

1 Rund- oder Kantholz
2 Sand- oder Splittbett
   5 - 10 cm
3 gewachsener Boden

Während bei Rundholzpflaster die Einsatzmöglichkeiten eher beschränkt sind, kann Kantholzpflaster überall im Garten und in unmittelbarer Nähe von Bauten verlegt werden. Besser bekannt als Fußboden in Werkstätten und Industriehallen, wurde Kantholzpflaster um die Jahrhundertwende auch als lärmdämpfender Straßenbelag eingeführt.

Kantholzpflaster ist von wesentlich höherer Qualität als Rundholzpflaster; in der Regel wird es aus sägerauen Kiefer-, Fichten- oder Eichen-Kanthölzern gewonnen und in regelmäßige Formate geschnitten. Gängige Größen sind

- Kuben mit 10 cm und 12 cm Seitenlänge
- rechteckige Querschnitte mit Kantenlängen von 8 bis 12 cm
- größere Formate, z. B.
  $10 \times 16 \times 20$ cm und
  $10 \times 18 \times 24$ cm.

Die Verlegung erfolgt wie bei Rundholzpflaster auf einem Unterbau in Sand- oder Splittbett. Versetzte Fugen geben der Fläche einen besseren Halt als Kreuzfugen. Soll die Fläche ganzseitig eingefasst werden, ist eine Doppelfuge einzuplanen, um die Dehnung aufzunehmen.

Tipps zur Ausführung

- Benötigte Stückzahl errechnen und aufrunden.
- Immer Pflasterhölzer einer Stärke verlegen.
- Das Gefälle bereits im Pflasterbett berücksichtigen.
- Für den Ungeübten empfiehlt sich, zuerst eine Probefläche zu pflastern.
- Bei der Bestellung von Sondergrößen längere Lieferzeiten einkalkulieren.
- Sollte das Holz stark ausgetrocknet sein, vor dem Verlegen mit einem Gartenschlauch wässern und quellen lassen.
- Um die natürlichen Bewegungen des Holzes zu berücksichtigen, die Fläche nie rundherum mit einer unflexiblen Einfassung rahmen, sondern mindestens zwei Seiten offen lassen oder ganz auf eine Einfassung verzichten.

12 Kantholzpflaster mit versetzten Fugen, ein hochwertiger Bodenbelag, der inzwischen selten zum Einsatz kommt.

13 Beweglich und praktisch: ein frisch ausgeführter, schmaler Holzrost als temporärer Weg im Gemüsegarten, um die Beete besser zu bearbeiten.

Holzroste

Holzroste sind eine zeitsparende, einfach auszuführende Version des Holzdecks. Die quadratischen oder rechteckigen vorgefertigten Elemente aus Kiefern- oder Fichtenholzbrettern werden in fast jedem Gartencenter angeboten. Im Hinblick auf eine längere Haltbarkeit sind kesseldruckimprägnierte Roste zwar günstiger, man holt sich damit aber zwangsläufig Gift ans Haus.

Ähnlich den Holzdecks werden auch die Holzroste auf einer Unterkonstruktion befestigt. Der Abstand der Unterzüge richtet sich nach der Breite des Rostes. Die weitverbreitete Praxis, Holzroste als kostengünstige und unaufwendige Verschönerung eines vorhandenen Belags zu benutzen, ohne die erforderliche Unterkonstruktion zu bauen, ist nur für kleine Flächen, wie Balkone und Dachterrassen, vernünftig. Denn hier steht eine begrenzte Aufbauhöhe zur Verfügung, und die tragende Konstruktion darf auf keinen Fall beschädigt werden. In solchen Situationen sind Holzroste ideal.

Je nach Größe und Format der zu verlegenden Flächen stehen verschiedene Verlegungsmöglichkeiten zur Verfügung, z.B.
- regelmäßig angeordnete Roste mit fortlaufendem linearen Fugenbild
- Verlegung der Roste im Schachbrettmuster
- Drehung um 90° nach jedem Block.

Aus dem umfangreichen Angebot von Größen sind folgende Formate erhältlich:
50 × 60 cm, 60 × 60 cm, 60 × 120 cm,
30 × 180 cm, 100 × 150 cm,
100 × 100 cm, 120 × 120 cm.

Die Stärke der Bretter beträgt 19 mm, die Gesamthöhe liegt je nach Feldgröße bei 35 bis 54 mm.
Im Garten haben sich die langen und schmalen, 30 × 180 cm großen Holzroste als Sofortwege zwischen Beeten oder als temporärer Weg über Rasenflächen bewährt.

Tipps zur Verlegung
- Um einen gleichmäßigen Abstand zwischen den Holzrosten einzuhalten, Abstandshalter verwenden.
- Durchgehend nur eine Größe verlegen.

Holzdecks

14 Stimmig: Haus und Terrasse sind in Einklang miteinander. Die Katzenleiter aus Holz wirkt wie eine Skulptur.

15 Ein Außenraum zwischen altem Gemäuer. Vom Holzbelag bis zum Mobiliar – Dominick Murphys Gestaltung ist von einer zeitgenössischen, rustikalen Note geprägt.

16 Schematischer Schnitt durch den Aufbau eines Holzdecks: Die Kanthölzer liegen direkt auf der Kiesschicht; als Schutz vor Feuchtigkeit kann ein Streifen Dachpappe unter die Hölzer gelegt werden. Im rechten Winkel sind die Auflagen-Kanthölzer angebracht, auf denen die Deckbretter befestigt sind.

Immer häufiger findet man im Garten Ableitungen von ursprünglich fremden, rein zweckgebundenen Konstruktionsformen. So wurden die Prinzipien des Anlegersteges und Holzplankenbelages für die bekannten Holzdecks übernommen. Diese müssen nicht unbedingt in Verbindung mit Wasserflächen sein, sondern können beliebig dort im Garten eingesetzt werden, wo die Vorteile eines ebenen, fußfreundlichen Bodenbelages erwünscht sind. Direkt anschließend an das Haus bilden sie einen nahtlosen Übergang zwischen innen und außen.

Holzdecks fügen sich gut in jede Umgebung ein, ohne unangenehm dominant zu erscheinen. In vielen Fällen tritt die Konstruktion überhaupt nicht in Erscheinung, nur die regelmäßige Struktur der Oberfläche.

Größere Holzdecks, verteilt über mehrere Ebenen, oder herauskragende Strukturen sind Bauwerke, bei denen es sich oftmals empfiehlt, die Planung, statische Berechnung und Ausführung an Fachleute zu vergeben. Ebenfalls sollten Stege über natürlichen Gewässern nur von Fachkundigen ausgeführt werden. Die Erneuerung von Brettern und die Ausführung von kleinen Terrassen mit Holzbelag sind hingegen eine leichte Übung für eine(n) geschickte(n) Heimwerker(in).

Tipps zum Standort

- in Verbindung mit Wasser, als Steg oder Sonnendeck
- als Poolumrahmung um ein Schwimmbecken
- als Terrasse, direkt anschließend an einen Wohnraum
- als idealer Bodenbelag für eine Veranda.
- auf Balkonen und Dachterrassen.

Tipps zur Gestaltung

- Vorhandene Solitärpflanzen können einfach durch Freilassen eines entsprechend großen Pflanzlochs in das Holzdeck integriert werden.
- Den Höhenunterschied zwischen anstehendem Boden und Holzdeck beachten; wenn möglich, die Höhendifferenz auf eine Stufe reduzieren.
- Zur Abwechslung kann die Verlegerichtung geändert werden, z.B. diagonaler Verlauf oder hochkant verlegte Bretter.

Tipps zur Ausführung

- Haltbares Hartholz für das Holzdeck verwenden.
- Die Gesamtbreite des Decks nach der Breite der Bretter plus Fugenbreite berechnen.
- Die Fugenbreite sollte überall gleich sein.
- Bei größeren Flächen unbedingt einen exakten Plan mit Verlauf der Unterkonstruktion und Standort der Fundamente zeichnen.
- Die Spannweite der Unterkonstruktion beachten: Je länger, desto stärker dimensioniert muss die Unterkonstruktion sein.
- Gutes Holz für die Unterkonstruktion verwenden, nicht an Kosten sparen. Auch manchmal sinnvoll: Statt Holz als Auflager für die Deckbretter z.B. verzinkte Stahlprofile (T-Profile) einsetzen.
- Eine gute Belüftung ist wichtig. Daher immer für einen genügend wasserdurchlässigen Unterbau sorgen.
- Edelstahl- oder Messingschrauben benutzen.
- Um Stolperstellen zu vermeiden, Schraubenköpfe versenken und bündig mit der Oberfläche setzen. Schrauben nie mittig im Brett, auch nicht hintereinander in gleicher Faserrichtung anbringen, sondern versetzt in sauber vorgebohrte Löcher, um Risse zu vermeiden.
- Bei Verbindungen zwischen Innen- und Außenraum einen Höhenunterschied von 15 cm einplanen. Diese vorgeschriebene Höhe verhindert das Eindringen von Wasser von außen nach innen. Auch in Zonen, die durch einen Dachüberstand geschützt sind, kann Schneetreiben Schmelzwasser in das Haus eindrücken. Ist ein bündiger Übergang gewünscht, sind Drainrinnen oder Gitterroste einzubauen, die das Wasser ableiten.
- Wenn bei großer Fläche nicht alle Bretter ausreichend lang sind: Stoßstellen mit versetztem Fugenrhythmus ausführen, unregelmäßig oder regelmäßig versetzt.
- Bretter stets mit Kern nach oben legen.
- Bei Anschlüssen an anderes Material oder an ein Bauwerk immer eine gleichmäßig breite Fuge stehen lassen.

17 Dieses in Tafeln geteilte Fichtenholzdeck wurde vorgefertigt und auf der Unterkonstruktion befestigt. Die schmalen, 5 cm breiten Riegel waren wegen der optischen Wirkung gewünscht. Nach sieben Jahren fingen die Fichtenbretter an einigen Stellen zu faulen an. Inzwischen war es finanziell möglich, ein dauerhafteres Holz als Fichte für den Belag zu wählen. Die gute Unterkonstruktion hat sich bewährt, an ihr musste nichts erneuert werden.

Bauanleitung: Eine Terrasse aus Holz

18 Western Red Cedar-Bretter und Kiefernkanthölzer (im Hintergrund) liegen aufgestapelt im Garten zum Einbau bereit.

Material

Holzdeck: Bretter Western Red Cedar in den marktüblichen Maßen, hier 35 × 95 cm, gehobelt und gefast.
Unterkonstruktion: Kiefern-Kanthölzer 10 × 10 cm, Messingschrauben, Holzschrauben.
Bettung: Sand, Körnung 0-5 cm, frei von lehmigen Teilen. Stärke 10 cm.
Fundamente: Punktfundamente aus Beton, Fertigelemente.

Tipps

• Unterkonstruktion sorgfältig ausführen.
• Bretter erst dann fixieren, wenn Gruppen von 5 bis 6 Stück fachgerecht platziert sind.
• Erstes Brett immer mit mindestens 3 mm Abstand von der Hauswand setzen.

Arbeitsablauf

1. Alle Punktfundamente vor dem Einbau einzeln mit einer Blechlasche versehen.
2. Umriss der Terrasse einmessen und abstecken. Nach Abtrag des alten Bodenbelages Niveau überprüfen, wenn notwendig, ausbessern.
3. Standort der Punktfundamente einmessen und fachgerecht einbauen, Höhe über dem Boden ca. 30 cm. Ein Sandbett in 10 cm Stärke aufbringen und glatt ziehen.
4. Kanthölzer der Unterkonstruktion zwischen die Fundamente spannen und an die einzementierten Blechlaschen verschrauben. Die Kanthölzer werden im Abstand von ca. 1 m verteilt.
5. Um ein Knarren beim Begehen der Holzterrasse zu verhindern, wird doppelseitiger Gummistreifen auf den Balken befestigt.
6. Bretter im rechten Winkel zur Unterkonstruktion mit gleichem Fugenabstand (3 bis 5 mm) verlegen. Abstandshalter zuhilfe nehmen. Zuerst die Holzschraubenlöcher vorbohren, dann die Versenkbohrung zur Aufnahme der Schraubenköpfe vornehmen. Für weniger Geübte ist zu empfehlen, die Linie, an der entlang gebohrt wird, mit einem Zimmererstift vorzuzeichnen.
7. Messingschrauben einschrauben. Bei der Befestigung des letzten Bretts am Deck, oder der Tagesarbeit durch Gegendruck mit Stemmeisen oder Raspel ein eventuelles Verschieben verhindern.
8. Sind alle Bretter verlegt und befestigt, die Holzüberstände auf gleiche Länge absägen.
9. Die fertige Terrasse ist schlicht und edel. Auffallend sind die regelmäßigen Reihen von Schrauben und die Aussparung für den vorhandenen Bambushain. Die Terrasse ist eine wertvolle Erweiterung des Wohnbereiches und kann nun mit Gartenmöbeln ausgestattet werden.

Planung:
Wolfram Stehling, Hamburg
Ausführung:
Peter Gätje GmbH,
Holzanlagen
22844 Norderstedt

Holzdecks an und über Wasser

19 Ein Ruheplatz am Wasser. Steg, Geländer und Bestuhlung, alle aus Eiche, fügen sich harmonisch ein in die naturhafte Teichlandschaft von Wyken Hall, England.

20 Trittplatten aus Holzrosten, abwechselnd in unterschiedlichen Richtungen verlegt. Gärten Mien Ruys, Niederlande.

21 (rechte Seite) Holzdeck über Wasser. Die 8 × 8 cm Fichtenkantholzstützen wurden in PVC-Rohre eingelassen. Allseits umhüllt, halten sie einerseits das Wasser fern, andererseits ermöglichen sie, wenn erforderlich, einen schnellen Stützenwechsel, ohne den Teichboden anzugreifen. Weitere schöne Details: Die Verblendhölzer zur Kaschierung der Unterkonstruktion beim Höhenwechsel vom Steg zum Deck.

Die Ausführung eines »schwimmenden« Holzdecks gleicht im Prinzip der einer gewöhnlichen Deckkonstruktion. Der wesentliche Unterschied liegt in der Ausführung der Stützen. Dadurch wird der Schwierigkeitsgrad des Baues erhöht. In einem künstlich angelegten Teich werden die Stützen noch während des Teichbaus ausgeführt, denn nur so kann gewährleistet werden, dass die Teichdichtung hält. Ein nachträglicher Einbau ist schwie-

rig, und das Risiko groß, dass die Dichtung beschädigt wird.

Für Stege in natürlichen Seen werden die tragenden Eichenpfähle tief in das Seebeet eingerammt, die weitere Konstruktion ist darauf gebaut. Holzstege und schwimmende Decks sind am besten von Fachfirmen auszuführen. Es sollte keinesfalls an den Konstruktionskosten gespart werden, was sich durch lange Haltbarkeit wieder ausgleicht.

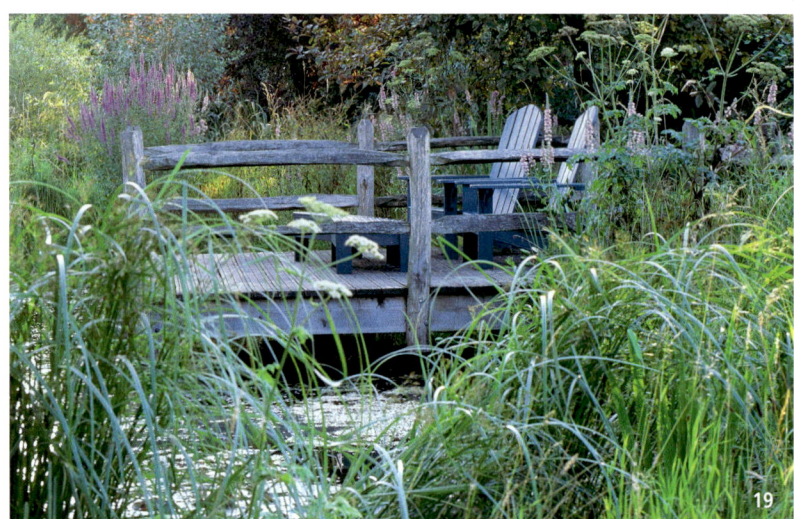

22 Dieses Unikat, teils Brücke, teils Weg aus Eiche mit Metallunterbau, entworfen von John Makepeace, führt auf sein Studio zu.

23 Bretter, eingelassen im Ufer, für die gelegentliche Überquerung.

24 Eine einfache Bespannung einer Rinne für Schubkarren in Lowder Mill, England.

Holzbrücken im Garten

Wo eine Wasserfläche oder ein Wasserlauf im Garten ist, ist meistens auch eine Brücke zu finden. Man denke an die berühmte Brücke im Garten von Giverny, Frankreich, oder an die Mondbrücken in japanischen Gärten. Brücken spielen eine wichtige Rolle in den englischen Landschaftsgärten, wo sie nicht nur zweckmäßig sind, sondern als Blickpunkte eingesetzt wurden. Dies ging so weit, dass Attrappen, gefertigt aus Holz und entsprechend bemalt, aufgestellt wurden. Ein Beispiel ist immer noch im Kenwood Park, London, zu sehen. Holzbrücken können die unterschiedlichsten Formen annehmen, von einem Brett, das einfach über einen Bach gelegt und ins Ufer eingebettet wird, bis zu Zickzack-Brücken nach japanischer Art oder ausgefallenen Strukturen samt Brüstung und eingebauter Sitzbank. Über den Standort einer Brücke entscheiden nicht allein gestalterische Gründe. Wichtig ist, dass die Auflagefläche, sprich das Ufer, auf beiden Seiten stabil ist und das Gewicht der Brücke tragen kann. Die gängigste Form in Gärten ist die Einfeldbrücke, die an beiden Seiten aufliegt, keine großen Abstände überspannt und über einen konstanten Wasserspiegel führt. Brücken über reißende Bäche und Flüsse, wo das Wasserniveau saisonalen Schwankungen unterliegt und wo die Ufer instabil sind, sollten keinesfalls in Selbstregie gebaut werden.

25 Malerisch wie ein Monet-Gemälde: eine blaue Brücke.

26 Teichbrücke und Sitzplatz am Wasser, ausgeführt in Sibirischer Lärche, bilden eine harmonische Einheit. Die 24 mm starken, 14 cm breiten Bretter mit geriffelter Oberfläche liegen auf einer unsichtbaren Aluminium-Tragkonstruktion. Bausatz geliefert von NaturaGart®, Ausführung in eigener Regie vom Gartenbesitzer.

Holzzäune

Zäune sind mehr als nur eine zweckmäßige Einfriedung um ein Grundstück. Sie sind wertvolle Gestaltungselemente, die funktionale mit dekorativen Aspekten verbinden. In allen Erscheinungsformen, vom klassischen Lattenzaun oder der hohen Trennwand, von dichten Sicht- und Lärmschutzzäunen bis hin zu Beeteinfassungen und Brüstungen, bilden sie eine Sperre.

Als Einfriedungsmaterial hat Holz im Vergleich zu Mauerwerk, Metall und Pflanzen erhebliche Vorteile. Holzzäune sind nicht nur platzsparend, sie wirken auch in allen Jahreszeiten gut und können gestalterisch sehr vielfältig sein, bieten daher eine Lösung für jeden Standort und Geldbeutel. Und neben der Fertigware, dem Katalogangebot und den Kleinserien bleibt immer noch die Möglichkeit der individuellen Sonderanfertigung – sei es vom Handwerker oder in eigener Leistung erbracht.

Es ist nicht einfach, aus dem breiten Angebot das Passende herauszusuchen. Denn was im Katalog attraktiv aussieht, ist nicht unbedingt geeignet für den eigenen Garten. Mit Hilfe einiger einfacher Grundregeln ist es aber möglich, die Auswahl einzugrenzen:

• Der Standort der Einfriedung, d.h. die ländliche oder städtische Umgebung diktiert den Gestaltungsstil.

27 Ein rosenbewachsener ländlicher Zaun in Kelmscott Garden, England. Dieser Zaun ist reine Zierde und spiegelt in seiner einfachen, imperfekten Ausführung die malerische Stimmung des Gartens.

28 Zwei Bündel Bambusstäbe wurden zwischen drei Querhölzer „gewebt", um eine Trennung im Helmsley Walled Garden, England, zu bilden.

27

28

Des Weiteren sind regional typische Zaunarten zu beachten, ebenso der Stil der Zäune in der Nachbarschaft. In manchen Orten ist es wegen eines einheitlichen Straßenbildes angebracht, die schon vorhandene Zaunart fortzusetzen.

• Die Stilrichtung des Hauses spielt ebenfalls eine Rolle. Ein Hacienda-Zaun vor einem Reihenhaus wirkt ebenso deplatziert wie ein geflochtener Zaun im Vorgarten einer Gründerzeitvilla.

• Funktion und Zweck des Zaunes sind zu bedenken. Aus gestalterischen Gründen ist es sinnvoll, zwischen dem Zaunverlauf entlang der Grundstücksgrenze und einem Zaun innerhalb des Gartens zu differenzieren. Und natürlich macht es einen Unterschied in der Ausführung, ob der Zaun zur Tierhaltung notwendig ist, zum Schutz vor Eindringlingen aller Art oder einfach nur zur Verzierung da ist.

Einteilung nach ihrem Standort:

• Vorgartenzaun:
Hier handelt es sich um die Einfriedung des Vorgartens an der Repräsentationsseite des Hauses. Der Vorgartenzaun hält Unerwünschtes ab, wird aber von jedermann gesehen und stellt eine Art Visitenkarte dar. Er sollte den Charakter und den Stil des Hauses aufnehmen, gleichzeitig aber in Einklang mit der Umgebung stehen.

• Garteninterne Zäune:
Entlang der Rückseite des Grundstücks tritt er nur selten in Erscheinung und muss lediglich funktional und unaufdringlich sein. Auch die Längsseiten, die Grenzen zum Nachbargrundstück, sind in vie-

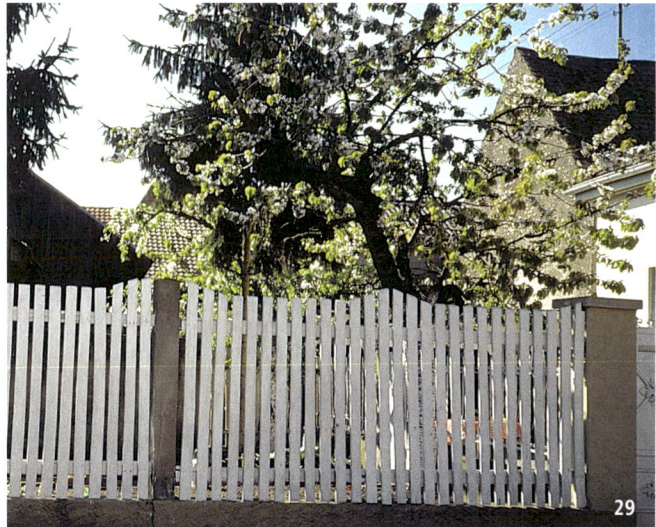

len Gärten bescheiden gehalten, nur bei kleiner oder schmaler Fläche stellen sie ein wichtiges Gestaltungselement dar.

• Trennwände und Gliederungen:
Begrenzungen und Trennungselemente innerhalb des Gartens dienen dem Sichtschutz, der Raumbildung oder einfach der Verzierung und können nach Belieben gestaltet werden. Hier sind phantasiereiche Lösungen möglich. Der Einfluss von Lichteinfall und das Kleinklima sind mit in die Planung einzubeziehen.

29 Vorgartenzäune kommen je nach Standort und Baujahr in unterschiedlichen Formen vor. Hier wurden Lattenzaunfelder zwischen Betonpfeilern um eine Gründerzeitvilla aufgehängt.

30 Dieser Lattenzaun in den USA ist älteren Datums und besticht durch die elegante Verzierung der Pfosten und den konkaven Verlauf der Latten.

Der Grenzverlauf

Grenzverlauf

Grundstücksgrenzen können nicht beliebig gezogen werden. Schon in der Planungsphase ist es ratsam, sich über den Grenzverlauf zu vergewissern und Informationen über eventuelle baurechtliche oder nachbarrechtliche Einschränkungen einzuholen. Die Höhe und Art eines Zaunes sind nicht frei wählbar. Auch bei der Beseitigung und Neuerrichtung einer Einfriedung sind die einschlägigen Satzungen, Richtlinien und Gesetze zu befolgen. Der amtlich festgelegte Grenzverlauf ist im Liegenschaftskatasterblatt (auch amtlicher Lageplan genannt) festgehalten. Die Eckpunkte sind durch Grenzsteine gekennzeichnet, die weder beschädigt noch entfernt werden dürfen. Bei Unklarheit über den Grenzverlauf ist Kontakt mit dem zuständigen Vermessungsamt aufzunehmen. Je nach Standort sind die Vorschriften unterschiedlich, so bei Grundstücken in freier Natur, innerhalb von oder angrenzend an Natur-, Landschaftsschutz- oder Flurbereinigungsgebieten, bei Grundstücken an oder in unmittelbarer Nähe zu Autobahnen und Bundesstraßen sowie bei Grundstücken in Baugebieten. So ist in manchen Baugebieten die Errichtung von Vorgarten-Einfriedungen jeglicher Art im Interesse eines einheitlichen Straßenbildes untersagt. Ebenso kann straßen- oder blockabschnittsweise eine bestimmte Form und Höhe von Einfriedung vorgeschrieben sein. Für die seitliche und rückwärtige Grenzgestaltung gelten gleichermaßen die nachbarschützenden Bestimmungen des öffentlichen Baurechts wie auch des Privatrechts.

Bei denkmalgeschützten Bauten gehört die Einfriedung, obwohl nicht gesondert erwähnt, zu den Ausstattungsstücken und ist ein Teil des Gesamtensembles. Beseitigungen und Veränderungen sind nur mit Erlaubnis gestattet.

Zaun zum Nachbarn

Grundstücksgrenzen, die nicht an öffentliche Straßen und Wege angrenzen, unterliegen dem Privatrecht. Um eventuelle Streitigkeiten zu vermeiden, wird empfohlen, bei der Errichtung von neuen Zäunen die Hinweise des Nachbarrechts und die Vorschriften zum Grenzabstand des öffentlichen Baurechts zu beachten sowie den Nachbarn zu informieren. Zum einen ist es eine höfliche Geste, dem Nachbarn die Maßnahmen, die grenzübergreifende Auswirkungen haben, bekanntzugeben, zum anderen kann es in einzelnen Fällen erforderlich sein, das Einverständnis des Nachbarn schriftlich einzuholen.

Standort

• Zaun auf der Grenze
Die Einfriedung auf der Grenze liegt jeweils zur Hälfte in den benachbarten Grundstücken und ist damit eine gemeinsame Anlage (§ 921 Bürgerliches Gesetzbuch). Art der Einfriedung, Kosten und Unterhalt derselben müssen mit dem Nachbarn abgestimmt und in gleicher Höhe getragen werden.

• Zaun entlang der Grenze
Die Einfriedung wird innerhalb des Grundstücks errichtet. Art und Maß müssen sich an die Bauvorschriften halten. Alle Teile, auch die unsichtbaren, wie Fundamente, müssen auf dem eigenen Grundstück liegen. Dies kann theoretisch zu einer Parallelbegrenzung führen, was praktisch aber selten der Fall ist.

Bestandteile eines Zaunes

Obwohl die Elemente eines Zaunes stets gleich sind, gibt ihre Anordnung dem Zaun sein charakteristisches Erscheinungsbild. Vereinfacht betrachtet besteht ein Holzzaun aus:

Pfosten

Dies sind die tragenden Teile des Zaunes, bestehend aus starken Rundhölzern oder Kanthölzern, die entweder mit dem gespitzten Ende direkt in das Erdreich in ein vorbereitetes Loch gerammt werden oder mit Metallschuhen an einem Betonfundament (siehe Seite 35, Abb. 47 und Seite 137) befestigt sind. Die Pfosten sind je nach Zauntyp und Höhe im Abstand von 1,8 bis 3 m regelmäßig über die einzugrenzende Strecke verteilt. Werden vorgefertigte Zaunfelder benutzt, ergibt sich der Pfostenabstand entsprechend ihrer Länge. Sind die Pfosten direktem Bodenkontakt ausgesetzt, empfiehlt es sich, sie aus einem härteren und dauerhafteren Holz als die Querriegel und Latten auszuführen. Eine haltbare Konstruktion besteht darin, die Pfosten bodenfern auf in kleinen Fundamenten verankerten Pfostenschuhe zu setzen. Damit Wasser schneller abfließen kann, werden die Pfostenköpfe passend zum Zauntyp abgeschrägt, gerundet, zylindrisch, dachförmig oder pyramidenförmig gestaltet. Verzierungen, so z.B. Rundköpfe, sind auch als Fertigware erhältlich. Die Stärke der Pfosten hängt von der Gesamthöhe des Zaunes und dem Gewicht ab. Für Höhen bis 1,2 m genügen Kanthölzer von 7 × 7 cm oder 9 × 9 cm und Rundhölzer von 8,5 bis 12 cm Durchmesser. Die Länge des Pfostens entspricht der Gesamthöhe des fertigen Zaunes vom Boden plus dem Teil, der in der Erde liegt (auch Einbindetiefe genannt).

Querhölzer

(Querriegel, Querrahmen)
Gespannt zwischen den Pfosten, hängt die Abmessung und Länge der Querhölzer von der Holzart, der Funktion und auch davon ab, ob weitere Teile, wie beispielsweise Latten, an die Querhölzer angebracht werden. Die Anzahl der Hölzer wird von der Zaunhöhe und vom Zauntyp bestimmt. Für offene Zäune ohne Latten bis 1,2 m Höhe werden 2 bis 3 Querhölzer, über 1,5 m Höhe 3 bis 4 Stück benötigt. Die Querhölzer werden in 60 cm bis maximal 90 cm Abstand voneinander angebracht.
Bei Zäunen mit Verbrettung werden oben und unten Querhölzer befestigt, nur hohe Zäune benötigen zusätzlich ein Querholz in der Mitte zur Befestigung der Latten. Der Querschnitt ist rechteckig, halbrund oder dreieckig. Für einen besseren Wasserablauf können die Querriegel profiliert sein.

31 Wie in Abb. 30 dient auch hier, im Kellie Castle Garden, Schottland, der Zaunpfosten als Gestaltungselement.

32 Schematische Zeichnung eines Zaunes: Der Abstand zwischen den Querhölzern beträgt in der Regel die Hälfte der Zaunhöhe. Der Abstand von Oberkante Boden bis Unterkante unteres Querholz entspricht dem von Oberkante Zaunpfosten bis Oberkante oberes Querholz.

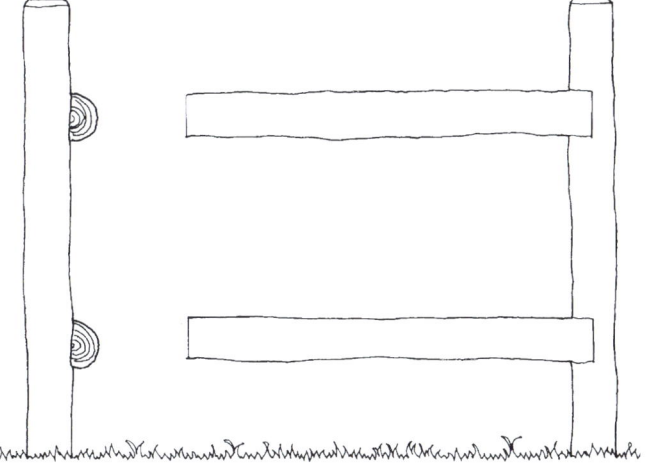

33 Zeitgenössischer blickdichter, hoher Grenzzaun aus Ipé-Hartholz mit Cor-Ten®-Stahl-Einlagen, entworfen von Sara Jane Rothwell. In kleinen Stadtgärten, wo alles einsehbar ist, nimmt die Einfriedung eine wichtige gestalterische Rolle ein.

34 Weiß gestrichener Vorgartenzaun mit der „schönen" Seite zur Straße hin. Die Latten sind mit gerundeten Spitzen in Laubsägearbeit versehen. Sie sind nicht nur dekorativ, sondern funktionell und wasserabweisend.

Staketen und Latten

Die Anordnung der Latten und Staketen bestimmen die optische Wirkung des Zaunes. Senkrecht, diagonal oder über Kreuz mit Nägeln oder Schrauben an den Querhölzern angebracht, schließen die Latten den Zaun und verhindern den Durchschlupf von Menschen und größeren Tieren. Latten und Staketen sind in regelmäßigen Abständen gegliedert und haben eine eindeutige Vorder- und Rückseite. Die Lattenbreite beträgt in der Regel 3,5 bis 6 cm, der Abstand vom Boden sollte mindestens 5 cm sein, aber nicht mehr als 10 cm. Wird der Abstand zu groß gewählt, bietet der Zaun keinen Schutz mehr vor Eindringlingen.

Die oberen Enden der Latten und Staketen werden so gestaltet, dass Wasser schnell abfließen kann und stehendes Wasser vermieden wird. Wie schon erwähnt, sind die verschiedenen dekorativen Abwandlungen von Staketen- und Lattenköpfen entstanden, um das Holz zu schützen, also aus konstruktiven Gründen.

Bretter

Bretter statt Latten werden zum einen aus gestalterischen Gründen verwendet, wenn nämlich ein blickdichter Schutz gewünscht ist, zum anderen kann dies aus bautechnischen Gründen notwendig sein. Denn die Breite der einzelnen Latten an Zäunen, die höher als 1,30 m sind, sollte in entsprechender Relation stehen. Lange, dünne Latten wirken in der Regel viel zu zerbrechlich an hohen Zäunen. Eher in Wohnsiedlungen in England und Nordamerika als hierzulande sind massive und starre Bretterzäune gebräuchlich. Um deren Hirnholz zu schützen, ist ein Abdeckbrett am oberen Verlauf wichtig. Inzwischen dient diese Zaunform als Grundlage vieler Lärmschutzzäune.

Zaunfelder

Zaunfelder bestehen aus einer vorgefertigten Füllung in stabilem Rahmen, die zwischen den Pfosten angebracht wird. Fast alle Zaunarten werden im Fachhandel in Form von Bausätzen mit kompletten Zaunfeldern angeboten. Die Maße sind je nach Hersteller unterschiedlich und umfassen u. a.:

- Lattenzaunfelder:
  Breite 179 cm, Höhe 85 cm
  Breite 189 cm, Höhe 93 cm
  Breite 189 cm, Höhe 85 cm

- Lamellenzaunfelder:
  Breite 180 cm oder 100 cm
  Höhe 120 cm, 150 cm oder 180 cm.

Die Felder können mit Elementhaltern und Schlüsselschrauben seitlich an die Pfosten angehängt werden. Aufwendige Zaunfelder wie z.B. für Spaliere- und Gitterwerkzäune werden am besten in der Werkstatt vorgefertigt und dann am Einsatzort montiert.

Zaunarten: ein Überblick

Entsprechend der Funktion des Zaunes gibt es zwei Grundformen: Geschlossene Zäune, die fast wie ein massives Bauwerk wirken und offene Zäune – unterteilt in waagerechte Zäune, wie Ranch- oder Bohlen- und Koppelzäune, senkrechte Zäune, wie Latten- und Staketenzäune, und diagonale Zäune, wie Scheren-(Gitter-) und Jägerzäune.
Weiterhin wird zwischen Feld- und Gartenzäunen unterschieden. Der Feldzaun entstand, um Vieh fernzuhalten oder einzufrieden. Oft urig und rustikal, spielen gestalterische Gesichtspunkte bei diesem Typus nur eine untergeordnete Rolle. Das Material, das zur Hand war, wurde verwendet, manchmal in einfachster Bauweise, aber dennoch zweckmäßig. Gartenzäune sind verfeinerte Versionen des Feldzaunes mit hohen Anforderungen an Gestaltung und Schutz und sind daher aufwendig in der Ausführung.

35 Waagerechte Stangeneinzäunung mit Staketentor um einen Bauerngarten im Freilichtmuseum Ballenberg, Schweiz. Auf dem Land und in den Bergen wurde stets das Material, das zur Hand war, verwendet. Verarbeitung und Konstruktion waren auf das Notwendigste reduziert.

Gartenzäune – Gestaltungsvarianten

Die heute verwendeten Gartenzäune sind eine Verfeinerung der altbekannten Feldzäune. Diese Zaunarten ergaben sich aus der engen Verbindung zwischen Zweck und Material. War kein Holz vorhanden, wurde Naturstein oder Erde benutzt. So entwickelten sich die landschaftsprägenden Einfriedungsarten, die heute noch vorkommen. In holzreichen Gegenden gab es jedoch Baumaterial im Überfluss: Pflanzen, Pflegen, Ernten und Lagern von Holz war selbstverständlich. So stand immer genügend Holz für Reparatur- oder Ersatzarbeit zur Verfügung. Zäune instandzuhalten gehörte zum Arbeitsbereich eines Land- oder Forstarbeiters. Die Zäune selbst bildeten einen Schutz für und gegen das Vieh. Sie mussten stabil, dicht und abweisend sein. Gebaut vor Ort, hielten einfachste Holzverbindungen oder Flechtwerk die Teile zusammen. Die Stabilität des Zaunes ergab sich aus der geschickten Anordnung der Hölzer.

Der Sprung vom Feld- zum Gartenzaun kam mit dem Wachstum der Städte, vor allem durch ihre Expansion im 19. Jahrhundert und mit der Entwicklung der Gartenkultur. Gärten wurden zum Ort der Erholung und Bewunderung. Der Zaun war zwar immer noch funktionell gegen Eindringlinge und diente als Besitzzeichen, sollte aber auch schön und passend zum Stil des Hauses sein. In Stadtvierteln mit Häusern aus der Gründerzeit z.B. ist die Fülle an Zaunarten und deren wunderschöne Ausführung auffallend.

Heute spielen dagegen Sicht- und Lärmschutz eine große Rolle. Schnell und gedankenlos mit dem nächstbesten kostengünstigen Material vom Baumarkt errichtet, ist die optische Wirkung so manch eines Zaunes schrecklich. Es zahlt sich aus, nicht spontan zu handeln, sondern sich zu informieren und vor allem, Beispiele vor Ort anzuschauen.

Zäune mit waagerechter Beplankung

Bretterzaun, Rancherbohlenzaun

Je nach Höhe besteht der Zaun aus drei oder fünf gesägten oder gehobelten Brettern, zwischen Pfosten angebracht. Der Abstand zwischen den Brettern wird gleichmäßig über die Höhe verteilt. Der Abstand der Pfosten beträgt zwischen 2 bis 3 m. Einfach zu errichten, ist dieser Zaun nur für ländliche Gegenden geeignet oder als Unterteilung im Garten selbst, da die Schutzfunktion gegen Eindringlinge aller Art nur bedingt gegeben ist. Eine Abwandlung des Bretterzauns ist der Rancherbohlenzaun. Die waagerechten Bretter sind mindestens 25 cm breit und wirken mit ihren naturbelassenen Kanten sehr rustikal.

Enger Bretterzaun, Plankenzaun

In Zeiten, wo insbesondere in Neubaugebieten jeder für sich sein möchte, geschützt vor sämtlichen Einbli-

36 Zäune mit waagerechter Beplankung: oben ein Bretterzaun, bestehend aus zwei breiten Brettern mit Deckbrett, unten ein enger Bretterzaun.

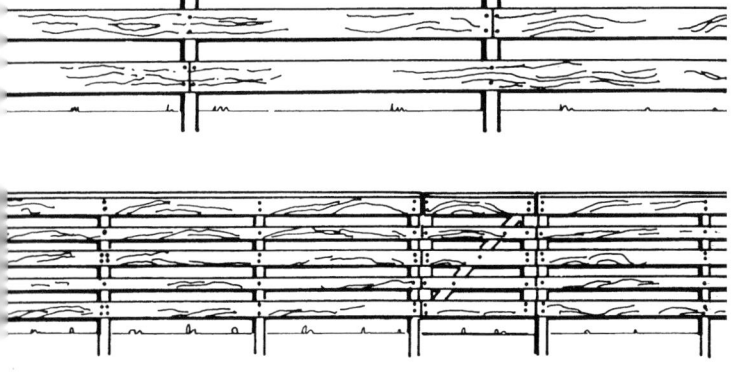

cken, wird dieser Zaun gerne eingesetzt. Vor allem in Nordamerika und Großbritannien sind die bis über 2 m hohen, engen Bretterzäune aus Weichholz zu finden. Inzwischen dient diese Zaunform auch als Grundlage vieler Lärmschutzzäune.

Lamellenzäune

Dieser Zaun besteht aus breiten, gewebten, dünnen Lamellen, die in einen Holzrahmen gesetzt sind. Die 5 bis 15 cm breiten Streifen sind in edler Ausführung aus Esskastanienholz, sonst aus imprägniertem Weichholz. Oft eingesetzt als dichter Sichtschutz – und Grenzzaun im Garten, verwittert das naturbelassene Holz zu einem angenehmen dunkelsilbernen Farbton. Gestrichene Zäune dieser Art, vor allem in bunter und dunkler Farbe, wirken schwer und massiv, sie zerschlagen jede Pflanzung und erscheinen sehr fremdartig.

Dieser preiswerte Zaun wird, je nach Hersteller, in Höhen von 120, 150 bzw. 180 cm und in Feldbreiten von 100 bis 300 cm angeboten.

Zäune mit senkrechter Beplankung

Staketenzaun

Der klassische Staketenzaun besteht aus ungeschälten oder geschälten Rund- oder Vollhölzern von fast gleicher Stärke, die in gleichen Längen geschnitten werden. Der Durchmesser beziehungsweise die Breite der einzelnen Hölzer beträgt etwa 6 cm. Die Staketen werden mit circa 4 - 5 cm Abstand an einem oberen und unteren Querholz angebracht. Die Querhölzer sind an regelmäßig verteilten Pfosten befestigt, deren Höhe geringer ist als die Oberkante der Staketen. Diese Konstruktionsteile auf der Rückseite unterbrechen den regelmäßigen Rhythmus der Staketen auf der Vorderseite nicht. Zwischen Oberkante Boden und Unterkante Stakete sollte ein Abstand von 5 - 8 cm sein, um zu verhindern, dass Feuchtigkeit in das Holz zieht. Historisches Vorbild für diesen Zaun war der Hanichlzaun (siehe hierzu Seite 81). Hierfür wurden hauptsächlich

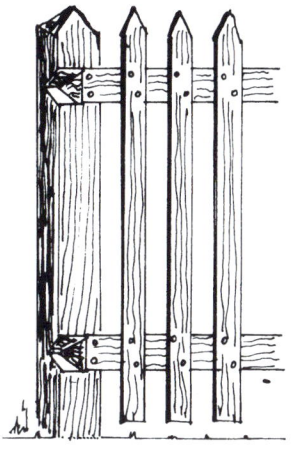

37 Lattenzaun mit dreieckigen Querhölzern. Latten oben zugespitzt.

38 Frisch montierter Lamellenzaun mit 2 m langen Zaunfeldern zwischen 10 × 10 cm starken Pfosten, die mit „Deckeln" versehen sind, um das Stirnholz zu schützen.

39 Schutz für einen bäuerlichen Nutzgarten: Staketenzaun aus geschälten Rundhölzern.

junge, verdörrte Tannen- und Fichtenäste verwendet. Die heutigen Staketenzäune bestehen gewöhnlich aus Fichte und Tanne, oder auch aus Lärche, Kiefer, Robinie und Esskastanie.

Lattenzaun

Der Lattenzaun ist eine Verfeinerung des bäuerlichen Staketenzaunes und sowohl für eine ländliche wie auch städtische Umgebung geeignet. Vom einfachen mittelhohen Holzzaun bis zu geschwungenen bemalten Lattenfeldern zwischen ornamentalen Natursteinpfosten und profilierten mauerähnlichen Sockeln ist an Gestaltung alles möglich.
Lattenzäune bestehen aus Latten, Querhölzern, Pfosten und sind manchmal auf einem Sockel befestigt:

40 Detail der Rückseite eines Lattenzauns mit besonders ausgeprägten elliptischen Köpfen. Die Oberkante des Zaunverlaufs ist wellenartig.

41 Bretterzaun in Mill Valley, Kalifornien, USA. Mammutbäume wachsen zwischen den Häusern, und Sägewerke waren hier ansässig. Restholz wurde früher für Einfriedungen verwendet mit interessanten Ergebnissen.

- Die Latte ist ein schmales, zwischen 3 und 6 cm, manchmal bis 8 cm breites, gesägtes, ungehobeltes oder gehobeltes Holz, das senkrecht auf die Querhölzer angebracht wird, früher mit Holznägeln, heute mit verzinkten Stahlnägeln oder Schrauben. Der Abstand zwischen den Latten steht im Verhältnis zur Lattenbreite. Als Faustregel werden schmale Latten von 3 – 5 cm in gleichem Abstand zu ihrer Breite angebracht, breitere Latten dagegen in Abständen von Dreiviertel bis zur Hälfte ihrer Lattenbreite. Es können sowohl Weich- wie auch Harthölzer verwendet werden. Ursprünglich als präventive Maßnahme gegen Feuchtigkeit, wurde der Lattenkopf abgeschrägt, gespitzt oder gerundet. Mit der Zeit kamen alle möglichen Varianten hinzu, von Zapfen- bis Herzform.
- Die Querhölzer, in der Regel 2, bei hohen Zaunfeldern 3 Stück, sind immer auf der Rückseite angebracht und ein wenig beachtetes Konstruktionsteil.
- Latten und Querhölzer bilden die Zaunfelder, die zwischen oder vor den Pfosten aufgehängt werden. Üblicherweise ist der obere Verlauf des Lattenfeldes gerade, für eine besonders dekorative Wirkung kann er auch konvex (nach oben geschwungen) oder konkav (nach unten gebogen) sein.
- Der klassische Gartenlattenzaun hat Pfosten aus Holz, entweder verdeckt auf der Rückseite des Zaunes oder als Gestaltungselement sichtbar (dann größer dimensioniert und mit ausgeprägter Kopfausbildung). Massive Pfosten aus Beton, Naturstein, Ziegel oder Klinker, beliebt in der Gründerzeit, kommen hauptsächlich in repräsentativen Vorgärten vor. Zusammen mit dem

dazugehörenden Sockel geben sie dem Zaun seine vornehme Erscheinung.

Der Sockel ist immer Teil der Einfriedung: Ein Stück Mauerwerk, Beton oder Naturstein, 16 – 100 cm hoch, nach oben leicht abgeschrägt oder abgerundet, damit Regenwasser abfließen kann.

Laubsägelattenzaun

Der Laubsägezaun unterscheidet sich vom Lattenzaun dadurch, dass der obere und manchmal auch der untere Abschluss des Lattenfeldes mit einem fast brettgroßen Holz gefasst ist. Die Latten selbst sind mit der Laubsäge in Zierformen bearbeitet, die Felder und Pfosten oft gestrichen. Diese aufwendige dekorative Zaunform ist eine Sonderform, die nicht so oft angetroffen wird.

Eine weitere Variation sind Latten mit fast quadratischem Profil, rautenförmig in die obere und untere Abschlussleiste gesetzt.

Plankenzaun

Werden breite Latten eng aneinander gesetzt, entsteht ein Plankenzaun (siehe oben Abb. 42). Die Pfosten und Querhölzer befinden sich wie bei einem Lattenzaun auf der Rückseite und stören nicht die durchgehende Gliederung der Bretter. Als eher hoher Zaun (110 bis 180 cm) ist er dann dem waagerecht angeordneten Bretterzaun ähnlich. Dieser blickdichte Zaun kann in heimischem Hartholz oder Weichholz ausgeführt werden.

Zäune mit diagonaler Beplankung

Die Gruppe der Zäune mit diagonaler Beplankung umfasst Abwandlungen des Jägerzaunes. Ausgeführt z.B. als dekorative, farblich gestaltete Spalierzäune eignen sie sich besser für den Einsatz im Garten selbst als für eine schützende Einfriedung an der Grenze. Solche eher dekorativen Zäune sind aufgrund ihrer Bauart meist nicht so witterungsbeständig wie einige andere Zaunarten. Sie werden oftmals als komplette Zaunfelder mit dazugehörigen Pfosten im Fachhandel und Baumarkt angeboten.

Jägerzaun

Ursprünglich ein bescheidener, zweckmäßiger Wildzaun, ist der Jägerzaun heute – oftmals schlecht kopiert – eher in den städtischen Vororten als im Wald anzutreffen.

Die Konstruktionsprinzipien sind einfach und ähnlich denen für einen Staketenzaun. Voll- oder halbrunde, geschälte oder ungeschälte Hölzer (hauptsächlich Weichhölzer) werden über Kreuz aneinander genagelt. Die Hölzer sind an den Enden abgeschrägt, damit Wasser schnell ablaufen kann.

42

43

42 Die Abdeckbretter des Plankenzaunes schützen das Hirnholz; sie sind konstruktiv und optisch wichtig.

43 Jägerzaun, eine von etlichen Varianten.

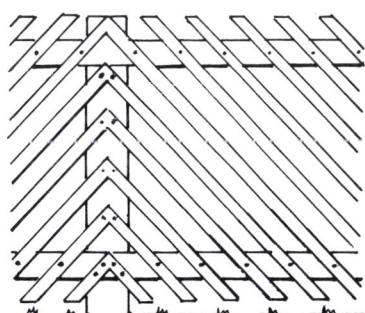

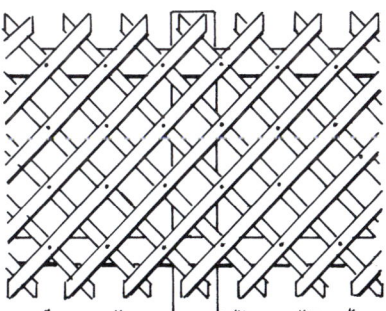

44 Diagonalzaun (links), Jägerzaun (rechts). Runde oder halbrunde Staketen, mit oder ohne Rinde, 50° Diagonale auf waagrechte Bretter genagelt oder geschraubt.

45 Offener Kreuzzaun in einem ländlichen Garten als Trennung zwischen zwei Bereichen, hier dekorativ bepflanzt.

Die Rautenbreite war ursprünglich so gewählt, um kleinen Tieren, wie Kaninchen, einen Durchschlupf zu ermöglichen, große Tiere aber auszusperren.

In der richtigen Ausführung und mit einer Zaunhöhe zwischen 110 und 150 cm, umschlungen von Kletterrosen, kann ein Jägerzaun bezaubernd wirken.

Spalierzaun

Bekannt auch als Scherengitterzaun, besteht der Spalierzaun aus einzelnen quadratischen oder rechteckigen Feldern, gefüllt mit diagonal verlaufenden Latten. Der Abstand zwischen den Latten ist proportional zur Lattenbreite, also schmale Latten/enge Maschen, breite Latten/große Ma-

schen. Bei 4 bis 6 cm breiten Latten werden die Abstände im Verhältnis 1:2 oder 1:3 gewählt. Die Diagonale kann in einem Winkel von 45°, 60° oder 70° angebracht sein. Die Latten werden an den Kreuzstellen aneinander genagelt. Die Gitterfelder, eingefasst mit Rahmen, werden zwischen die Pfosten gehängt. Durch Tropflöcher in der unteren Leiste wird Staunässe vermieden.

Der Zaun lässt sich gut mit einem hohen, gemauerten Sockel kombinieren, wobei die Pfosten aus dem selben Baustoff wie der Sockel bestehen sollten. Fensterähnliche Gucklöcher können in das Zaunfeld eingeschnitten werden, wie auch Variationen in den oberen Verlauf für eine ornamentale Wirkung.

46 Hoher, breitmaschiger Spalierzaun, geeignet als Trennung zwischen Gartenräumen.

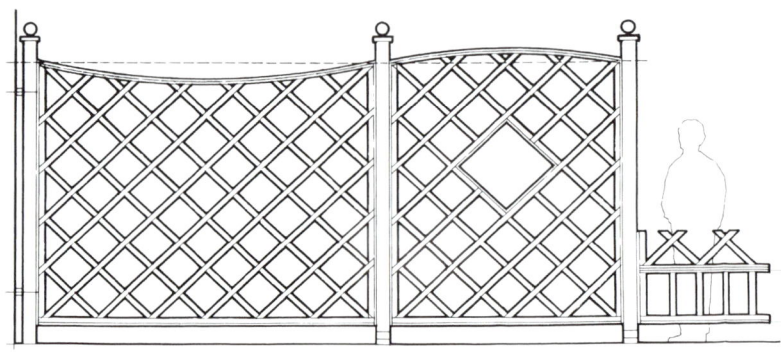

Bauanleitung: Gartenzaun

Tipps zur Gestaltung

- In ländlicher Umgebung den Zaun stets dem örtlichen Stil anpassen.
- Unterscheiden zwischen Grenzzäunen und Abgrenzungen innerhalb des Gartens.
- Sich auf einen gemeinsamen Gestaltungstyp beschränken, wenn alle Begrenzungen von einem Punkt aus sichtbar sind.
- Im Vorgarten und an der Straßenfront eine einheitliche Gestaltung im Einklang mit dem Stil des Hauses anstreben.
- Ideen aus der Umgebung mit einfließen lassen.

Tipps zur Ausführung

- Den Schwierigkeitsgrad der Ausführung des Zaunes einschätzen. Entscheiden, ob die Arbeit vergeben oder selbst ausgeführt wird. Unterscheiden zwischen der einfachen Montage einzelner vorgefertigter Zaunteile und einer kompletten Anfertigung.
- Sooft wie möglich heimische Hölzer einsetzen.

- Pfosten nicht in direkten Bodenkontakt stellen, sondern in Metallschuhe setzen (siehe Seite 137).
- Pfosten stets in Wachstumsrichtung setzen.
- Um Holz im Freien so gut es geht zu schützen, die Regeln des konstruktiven Holzschutzes beachten (siehe Seite 138).
- Vor Arbeitsbeginn prüfen, welche konfektionierten Holzgrößen erhältlich sind und die Holzmengen berechnen.
- Bei gutem, beständigem Wetter arbeiten und nur so viel Arbeit in Angriff nehmen, wie an einem Tag bewältigt werden kann.
- Zäune in Hanglage: Höhenverlauf genau messen, Zaunverlauf treppenförmig aufteilen, maximale Höhendifferenz zwischen Oberkante Boden und Unterkante Zaun 20 cm. Die Zaunfelder sollten immer waagerecht sein.

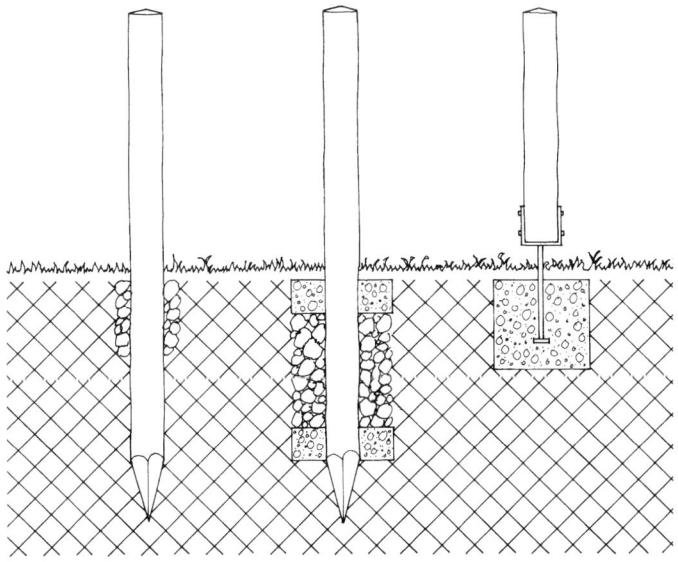

47 Einbau von Pfosten mit unterschiedlicher Belastung und Haltbarkeit (von links nach rechts):

- Pfosten, einfach in die Erde eingerammt
- Pfosten in „Sandwich-Fundament", Gesamttiefe 80 cm: 5 cm Humusbedeckung, 10-15 cm Beton, 45-55 cm Kies oder Schotter, 10-15 cm Beton
- Pfosten im Pfostenschuh in Betonfundament. Varianten siehe Seite 137.

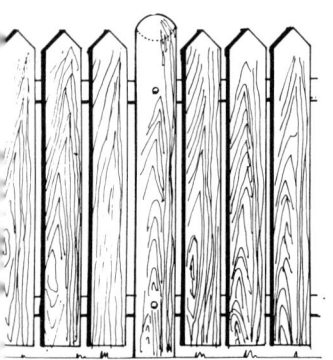

48 Vorderansicht eines Bretterzauns, hier eines Schwartenzauns. Die Brettränder sind unbearbeitet, d. h. noch mit Rinde versehen und nach oben hin meist zu einem Dreieck gespitzt.

49 (rechte Seite) Ast und Bambusstab, eine einfache, selbst gezimmerte Absperrung zum Pflanzbeet in Cluny Gardens, Schottland.

50 Über Kreuz gestaltetes Geländer als Abschluss eines niedrigen, 1 m hohen Aussichtspodests in Dunard Garden, Schottland. Dieses Geländer ist weder geeignet für Anwesen mit Kindern, noch als Absicherung vor Absturz bei größeren Höhen.

51 Pfosten-und-Seil-Handlauf entlang einer sich windenden kleinen Gartentreppe in einem Privatgarten. Über längere Strecken sind stabilere Handläufe erforderlich.

Arbeitsablauf

Vorbereitung

1. Rechtliche Einschränkungen prüfen, Grenzverlauf prüfen und abstecken. Genaue Maße nehmen.
2. Passende Zaunart aussuchen, Fertigzaunangebot prüfen. Eventuell eine bemaßte Zeichnung des Zaunverlaufs anfertigen. Länge der Felder und Anzahl der Pfosten berechnen (eine einfache Methode besteht darin, die Strecke durch einen Mittelwert, z.B. 3 m, zu teilen).
3. Holzliste erstellen und Material bestellen.

Ausführung

1. Den Standort der Eck- und Torpfosten abstecken, mit Eisen oder Holzpflöcken kennzeichnen. Den Sitz der restlichen Pfosten in den zuvor berechneten Abständen mit Pflöcken markieren.
2. Löcher für die Pfosten mit einem Lochspaten ausheben. Nur so viele Löcher graben, wie Pfosten an einem Tag gesetzt und hinterfüllt werden können. Aushub sichern und als Füllmaterial für die Hinterfüllung verwenden.
   Für schwere, höhere Zäune Punktfundamente aus Beton gießen, Abmessung je nach Höhe und Gewicht berechnen oder »Sandwich«-Fundament ausführen, Gesamttiefe 80 cm (Abb. Seite 35).
3. Zäune ohne Punktfundament: Gespitzten Pfosten mit einer Metallramme in das Loch rammen, bis die gewünschte Endhöhe erreicht ist.

   Beispiele:

   Endhöhe 100 cm:
   Rammtiefe 50 cm,
   Gesamtpfostenlänge 150 cm.

   Endhöhe 120 cm:
   Rammtiefe 60 cm,
   Gesamtpfostenlänge 180 cm

   Wird der Pfosten mithilfe eines Hammers eingerammt, immer die Anschlagfläche mit einem Brett schützen. Löcher sorgfältig Schicht für Schicht hinterfüllen und verdichten.
4. Zur Markierung der Endhöhe und Unterkante des Zaunfeldes Schnüre zwischen die Pfosten spannen. Obere und untere Querriegel entsprechend des Zauntyps an allen Pfosten gleichmäßig einmessen und markieren. Querriegel auslegen und anschließend, am besten zu zweit, fachgerecht anbringen.
   Arten der Anbringung:
   - an die Pfostenmitte verschraubt oder genagelt
   - seitlich in die Pfosten verzapft und mit Holznägeln gesichert
   - Querriegel eingeschnitten, an den Pfosten überblattet und gesichert.
5. Latten oder Staketen in gleichmäßigen Abständen (Richtmaß: Hälfte der Lattenbreite) anbringen und zwar so, dass sie auf der Vorderseite diagonal versetzt an zwei Stellen am Querriegel befestigt werden. Um das Holz zu schonen, Löcher vorbohren. Mit einer Wasserwaage regelmäßig nach jeder dritten Latte prüfen, ob die Latten senkrecht sind.
6. Zaun ausrichten, Standfestigkeit der Pfosten überprüfen, notfalls nachrammen.
7. Eventuell Zaun grundieren und lasieren oder einen Deckanstrich anbringen.

Handläufe und Geländer

Zum Thema Zäune gehört auch das Einbeziehen von Brüstungen oder Geländern und Handläufen als notwendige Sicherheitsvorkehrungen, die vor Stürzen bewahren auf Treppen, erhöhten oder herauskragenden Terrassen und auf Aussichtspunkten. In manchen baulichen Situationen sind sie sogar vorgeschrieben:

- Ein Handlauf ist erforderlich bei Treppen mit mehr als 3 Stufen und ab 2,5 m Breite.
- Brüstungen oder Geländer in Höhe von 85 bis 90 cm sind notwendig bei Erhöhungen oder Podesten über 90 cm Höhe vom Boden oder zwischen Ebenen.

Sowohl Handläufe als auch Brüstungen oder Geländer sind Teile der Gesamtkonstruktion und sollten deshalb von Anfang an mitbedacht werden.

- *Handläufe:*
  In einfachster Form ist ein Handlauf nicht mehr als ein Rundholz, das durch Pfosten gestützt ist. Ein Handlauf muss stabil und splitterfrei sein und entsprechende Belastungen aufnehmen können.

- *Brüstungen/Geländer:*
  Sie begrenzen eine Terrasse, sind in ihrer Typologie ähnlich wie Zäune, aber mit einer noch stärkeren Bindung zur bebauten Umgebung. In ihnen kann sich die Gestaltung von Balkonen und anderen Motiven am Gebäude wiederholen. Ganz wichtig ist, dass bei einer offenen Brüstung der Abstand zwischen den Latten nicht mehr als 12 cm beträgt und dass waagerechte Bretter so angeordnet werden, dass sie nicht zum Klettern verleiten.

Tore

52 und 53 Tore können sich einfügen oder, wie George Carters doppelflügeliges Tor unten, Blicke auf sich ziehen.

54 - 57 (rechte Seite): Der Einfallsreichtum an Gestaltungsformen für Tore ist erstaunlich; wichtig ist, dass sie zum Umfeld passen.

Während eine Einfriedung den Raum abschließt, erlaubt ein Tor den Eintritt. Die Gestaltung des Tores muss in erster Linie funktionell sein. Drei Punkte sind dabei wichtig:

- die lichte Breite, gemessen zwischen den Pfosten, an denen das Tor hängt;
- das Gewicht des Tors und
- die Öffnungswinkel des Tors.

Gartentore sollten stets breit genug sein, dass eine mit Einkaufstüten beladene Einzelperson bequem durchgehen kann. Wenn es keine anderen Öffnungen gibt, wo Mähmaschinen und Schubkarren passieren können, ist eine Breite von 140 cm zu empfehlen. Als Grundregel gilt: Je breiter das

Tor, desto schwerer ist es. Aus diesem Grund sind Breiten ab 150 cm besser doppelflügelig zu gestalten. Einfahrtore sind an die Breite von Pkws anzupassen. Bedenken Sie, dass SUVs breit sind; ein Mercedes GLS ist ohne Seitenspiegel 193,4 cm breit, ein VW Touran, ebenso ohne Seitenspiegel, 179,4 cm.

Ein Tor setzt sich zusammen aus:
- dem Torfeld;
- den tragenden Pfosten. Breite und Höhe der Tore sind aufgrund ihres Gewichts und der Schwingkraft in Betonfundamente zu setzen;
- den Torbeschlägen. Scharniere sind mindestens an zwei Punkten anzubringen, breite und hohe Tore an drei. Torklinken und Schloss sind gegebenenfalls von Fachkräften anzubringen.

Technische Anlagen wie ferngesteuerte Öffnungen sind stets von Fachfirmen auszuführen und am Anfang der Planung mit einzubeziehen.
Die Gestaltung des Tores kann in Einklang mit der Einfriedung sein oder sich absetzen und sich hervorheben. Die Architektur des Hauses kann eine Inspiration sein, ebenso wie die örtlich vorkommende Zaunsprache, schließlich vermitteln Einfriedung und Tor den ersten Eindruck des Anwesens. Örtliche Bauvorschriften wie die Belange des Denkmalschutzes sind zu beachten. Schauen Sie, was Ihnen gefällt und was praktisch ist; es könnte sein, dass die beste Auswahl an Ideen in Ihrer unmittelbaren Umgebung liegt.

52

53

54

55

56

57

58

59

60

Rankgerüste und Gitterwerk

Jede Epoche ist auch durch einen bestimmten Typ von Rankstrukturen gekennzeichnet. Passend zu den jeweiligen architektonischen und funktionalen Ansprüchen reicht das Repertoire von den Wandspalieren des Mittelalters, den Laubengängen der Renaissance, den Gitterwerken des 17. und 18. Jahrhunderts oder den Architekturspalieren des Biedermeiers bis hin zur Postmoderne und den neoklassischen Strukturen der 90er Jahre. Viele sind nichts weiter als veredelte Varianten des gewöhnlichen Spaliers, das sich so zum architektonischen Gartenelement gewandelt hat. Heute gehören Rankgerüste zur Grundausstattung jedes Gartens. Wie die Beispiele zeigen, sind das Gestaltungspotential und die Vielfalt an Formen erstaunlich. Fraglos liegt dies am Material Holz, das einfach zu handhaben ist und sofort eine Wirkung erzielt. Während eine Pflanze Zeit zur Entfaltung braucht, ist ein Spalier bereits nach der Fertigstellung vollendet. Es ist ein Vergnügen, sich von historischen und zeitgenössischen Beispielen inspirieren zu lassen und gleichzeitig eigene Ideen in die Tat umzusetzen. Bestimmend für die Gestaltung von Spalierelementen ist, was im Vordergrund stehen soll – die Pflanze oder das Gerüst. Soll das Rankgerüst im Vordergrund stehen, ist wichtig, dass es gut sichtbar ist, d.h. sein Standort und die Einbindung in den Garten sind entscheidend. Einfache Regeln sind hier zu berücksichtigen:

- Ein Rankgerüst an oder in Verbindung mit einem Bauwerk sollte dessen Baustil aufnehmen und fortsetzen. Eine andere Stilrichtung wirkt nur dann gelungen, wenn ein eindeutiger Abstand zwischen Neu und Alt geschaffen wird.
- Auf eine maßstabsgerechte Ausführung achten, Verniedlichungen in Detail und Form sind zu vermeiden, sie wirken kitschig.
- Bei räumlichen Strukturen auf ein ausgewogenes Verhältnis zwischen Höhe und Breite achten.
- Funktionale Aspekte wie Tragfähigkeit der Pflanze mit Frucht und in voller Belaubung sowie die Unterstützung der Kletter- und Schlingtätigkeit berücksichtigen.

Auch wenn das Gerüst nicht im Vordergrund steht, sondern mit Pflanzen verdeckt ist, sollte es einem ästhetischen Anspruch genügen. Denn im Winter, ohne die Laubdecke, wird schlampige Arbeit offensichtlich. Nachfolgend werden Gestaltungsmöglichkeiten von einfachen Wandspalieren, von Pergolen und Laubengängen gezeigt, die so konstruiert sind, dass sie verhältnismäßig leicht selbst gebaut werden können. Die benötigten Latten, Bretter und Kanthölzer sind in jedem Holzhandel und Baumarkt erhältlich. Bevor man allerdings zum Werkzeug und Holz greift, ist es sinnvoll, das umfangreiche Angebot von Fertigteilen und Bausätzen zu prüfen. Zwischen den einfachen Spalierfeldern, angeboten in Baumärkten und Gartencentern, und dem Programm spezialisierter Firmen liegen Welten. Manche bieten eine komplette Produktlinie von Spalieren, Lauben und kleinen Bauten an – alle auf hohem handwerklichen Niveau. Da die Montage nicht immer inklusive ist, sind Konstruktionskenntnisse von Vorteil, auch wenn entsprechende Bauanleitungen mitgegeben werden.

58 (linke Seite) Dieser lange, schmale Bogengang nimmt Elemente der klassischen französischen Gartengestaltung auf und lässt den Garten größer erscheinen als er ist. Die Bogenform ist aufwendig in der Ausführung, die Farbgebung geglückt; es ist nur darauf zu achten, dass die Pflanzen nicht die Oberhand bekommen und die schöne Struktur verdecken.

59 Gitterwerk oder Treillage, wie es genannt wird, kann wandgebunden oder, wie hier im Filoli Garden, USA, freistehend und als zierende Abgrenzung eines Gartenraums fungieren.

60 Laubengänge üben in südlichen Ländern eine wichtige Funktion als Schattenspender aus. Im Garten des Palacio de Oca, Spanien, wachsen Weinreben an und über den Rundhölzern.

Wandspaliere

61 Wandspaliere, die als Teil der Fassade die Konturen von Fenstern und Türen nachzeichnen, sollten immer zur Architektur des Hauses passen.

62 Quadratische und Rauten-Spalierfelder bilden die Grundtypen. Einfach übereinander genagelt, sind die Feldgrößen nicht festgelegt, hier gezeichnet mit 10 cm-Abständen. Viele Spaliere werden gestrichen, die Farbwahl sollte immer auf die umgebenden Gegenstände abgestimmt sein.

Spalier ist ein universaler Begriff für tragende Stützkonstruktionen, eine Ableitung vom italienischen »la spalliera«: die Rückenlehne. Die gestalterische Spannweite – von den einfachen, genagelten Latten des Hausspaliers bis hin zu perspektivischen Wandbildern – ist enorm.

Ein bekanntes Bild an Bauernhäusern ist das Wandspalier als Symbiose zwischen dem Gebauten, dem Holzgerüst, und dem Natürlichen, d.h. dem davorstehenden Birn- oder Apfelbaum. Schmückend und funktional zugleich, ist dies wohl die einfachste und kostengünstigste Form eines Spaliers. Die Latten für ein Wandspalier sollen nicht zu dünn gewählt werden, Breiten von 2,5 bis 4 cm in entsprechender Stärke sind am besten geeignet. Unterschieden wird zwischen einzelnen Feldern, die einfach zu bauen und auch als Fertigteile z.B. in Naturholz erhältlich sind und flächendeckenden Spalieren, die als Sonderanfertigung ausgeführt werden. Das Material – Fichte, Lärche und in edelster Ausführung Eiche – ist überall erhältlich. Für eine besonders kostengünstige Ausführung können Dachlatten verwendet werden.

Drei Grundformen stehen zur Wahl:
- waagerechte Grundlattung, geeignet für Obstspaliere, mit 30 - 60 cm großen Abständen zwischen den Latten, direkt auf dem Mauerwerk angebracht.
- quadratische Felder durch senkrechte Lattung über der Grundlattung mit dekorativer Wirkung, auch ohne Pflanzen, an besonderen Bauten zur Betonung und Verzierung der Konturen
- Felder, unterteilt in Rauten. Für die Pflanzen bietet diese Form mehr Halt und wird deshalb bevorzugt. Der Winkel der Raute hängt vom Format des Spaliers ab. So haben lange, schmale Felder eher spitze 70°-Winkel, während quadratische Felder in Rauten von 45°-Winkeln aufgeteilt sind.

Tipps zur Ausführung
- Bei sich wiederholenden Formaten eine Schablone anfertigen (ein Brett mit negativem Spiegelbild der Lattenbreite und Abstände); dies spart zeitraubendes Messen.
- Das Gerüst stets mit einem kleinen Abstand zur Wand anbringen. Holz, das direkt an die Wand montiert ist, kann nicht ringsherum trocknen, fault rascher und ist später nur mit Schwierigkeiten zu ersetzen.
- Großflächige Arbeiten wie ein Puzzle in kleine Abschnitte teilen und vorfertigen. Die Probemontage auf ebener Fläche (Garage oder Werkstatt) vornehmen, Teile nummerieren und an Ort und Stelle in der festgelegten Reihenfolge zusammenbauen.
- Von der Mitte aus montieren.
- Vor der Montage streichen.

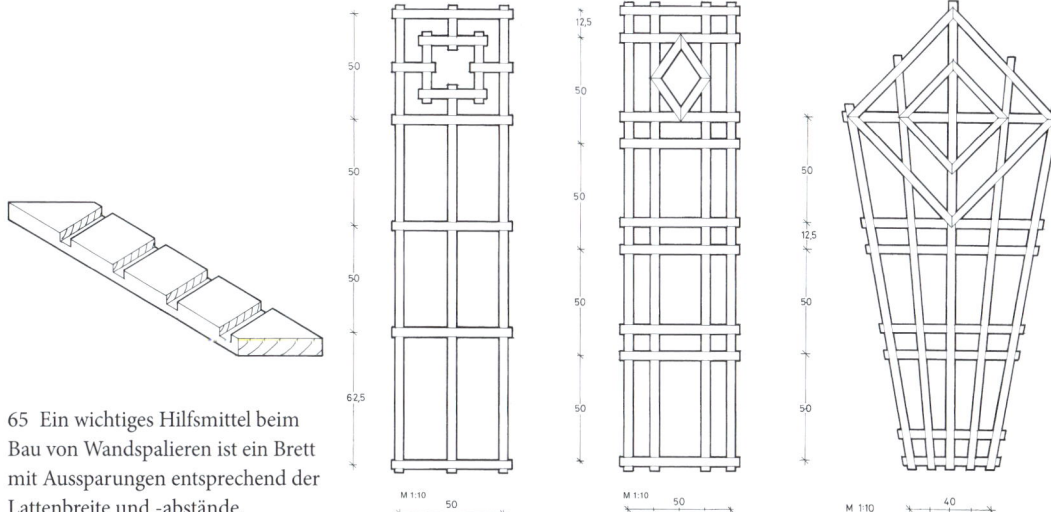

63 Trompe-l'Œil ist ein Gestaltungstrick, der oft eingesetzt wurde in historischen französischen Gärten, um das Auge zu lenken und Tiefe vorzutäuschen wie hier im Garten des Château de Brécy.

63

64 Einzelspaliere werden eher als Rankhilfen für Clematis und Rosen errichtet als zur Verzierung einer Hauswand. Viele Formen sind möglich.

65 Ein wichtiges Hilfsmittel beim Bau von Wandspalieren ist ein Brett mit Aussparungen entsprechend der Lattenbreite und -abstände.

50

50

50

50

62,5

M 1:10   50

12,5

50

50

50

50

M 1:10   50

50

12,5

50

50

M 1:10   40

Gitterwerk

66 Gitterwerk im Garten von Schloss Schwetzingen. Verziertes Gitterwerk ist typisch in Barockgärten, auch in Schloss Schönbrunn, Österreich, wo ganze Pavillons aus Holzgitterwerk errichtet wurden.

67 Gitterwerk trennt hier auf dekorative Art einen Teil des Gartens ab.

68 (rechte Seite unten) McWilliam Studio haben mehrere Holzgitterwände eingesetzt als räumliche Trennung zwischen den Anbauflächen und dem restlichen Garten. Der schwarze Anstrich verleiht ein zeitgenössisches Flair.

Das neu erwachte Interesse an Gitterwerk entstand mit dem zunehmenden Bewusstsein für die Gestaltung des Außenraums. Auch bekannt unter dem lateinisch-französischen Namen Treillage, handelt es sich bei Gitterwerk um eine aufwendig gearbeitete Form des Wandspaliers. Mit Gitterwerk lässt sich ein Garten räumlich unterteilen, es ist aber auch ein wichtiges Gestaltungselement, besonders in kleinen Stadtgärten, um hässliche Mauern zu verdecken.

Für den Bau werden, wie auch für gewöhnliche Spaliere, 2,5 bis 4 cm breite Latten verwendet. In einfachster Form können diese über kreuz genagelt oder überblattet und in einen maßgearbeiteten Rahmen gesetzt werden. Eine Schablone erleichtert die Arbeit und sorgt für eine gewisse Regelmäßigkeit.

Pflanzen können das Gitterwerk rahmen, sollten es aber auf keinen Fall bedecken.

66

67

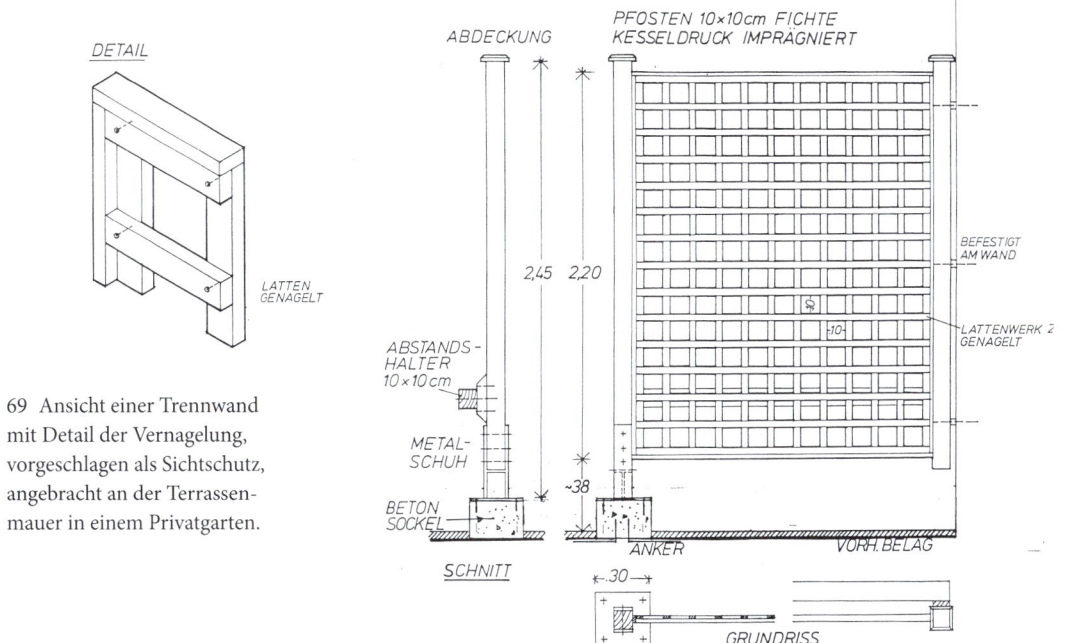

DETAIL

LATTEN GENAGELT

ABDECKUNG

PFOSTEN 10×10cm FICHTE
KESSELDRUCK IMPRÄGNIERT

2,45 2,20

ABSTANDS-
HALTER
10×10 cm

METAL-
SCHUH

BETON
SOCKEL

~38

BEFESTIGT
AM WAND

LATTENWERK 2
GENAGELT

10

SCHNITT

ANKER

VORH. BELAG

←.30→

GRUNDRISS

69 Ansicht einer Trennwand
mit Detail der Vernagelung,
vorgeschlagen als Sichtschutz,
angebracht an der Terrassen-
mauer in einem Privatgarten.

Laubengänge

70 Gut erhalten ist dieser Laubengang, gebaut aus gestrichenem Eichenholz, die Säulen mit klassischen Kapitellen geschmückt. Auftakt des langen Ganges ist ein Pavillon, verziert mit Laubsägearbeit, im Puschkin Garten, St. Petersburg.

71 Ein rustikaler Laubengang aus Rundhölzern im Kelmscott Garden, England.

72 (rechte Seite)
Holz allein reicht manchmal nicht aus, um Bäume als Laubengang in Form zu biegen. Hier im Schlossgarten Schwerin wurden Metallstreben mit hölzernen Längsbalken kombiniert.

73 Ein mit Rosen bepflanzter Laubengang aus „Les Roses", einem Buch von 1908 von Gemen & Bourg.

Vom Haus getrennt und freistehend im Garten, sind Laubengänge immer eng mit Pflanzen verbunden. Sie sind vielseitige und nützliche Gestaltungselemente, beliebt in großen und kleinen Gärten. Bei ihnen lässt sich hervorragend Funktion mit Ästhetik kombinieren. Laubengänge können z.B. vom Gartentor zur Haustür führen oder einen Teil des Gartens von einem anderen trennen. Sie werden in der Regel als freistehende, wegbegleitende Konstruktion mit gewölbtem, schrägem oder geradem Dach gebaut. Wie bei vielen Gartenstrukturen stellt sich auch hier die Frage, ob der Konstruktion oder der Bepflanzung die größere Bedeutung zukommen soll. Laubengänge waren wichtige Bestandteile der Gartengestaltung des 16. und 17. Jahrhunderts, doch wurde den grob gezimmerten, oft nur aus Ästen bestehenden Holzgerüsten wenig Beachtung geschenkt. Die Stützen einfach in

den Boden gerammt und mit Querhölzern verbunden, sollte das Gerüst nur so lange halten, bis die Linden, Hainbuchen oder sonstigen Pflanzen ihre endgültige Bogenform erreicht hatten. Erst als das Warten auf die fertige grüne Gestalt zu langwierig erschien, erhielt die Holzkonstruktion mehr Aufmerksamkeit. Holz wurde gesellschaftsfähig und zum wichtigen Bestandteil des Gartens deklariert. Die Ausführung der „Schreinerarbeit" lag nunmehr in den Händen von Fachkräften und nicht im Zuständigkeitsbereich des Gärtners. Beschreibungen wie aus „Des Adels Land- und Feld-Leben" Anfang des 17. Jahrhunderts geben klare Anleitungen zum Material und zur Konstruktion: „...dazu gehören saubere, auf den Sägemühlen geschnittene Latten von Tannen- und Fichtenholz, haslene und birckene Reisstangen wie auch Bandweiden sie aneinander zu fugen.

70   71

Das Inwendige soll mit seiner Stärke das ganze Gebäude tragen und erhalten muss / soll ein enchener starker Pfahl / oder gar ein ausgebauter oder gesägter Sparr so dick / groß und lang als es des ganzen Werks oder Gebäudes anständige Nothdurfft erfordert ..."

Der Übergang zu Gitterwerken, in denen die Pflanze keine Rolle mehr spielte, war hiermit vorprogrammiert.

Tipps zur Gestaltung

- Einige grundsätzliche Überlegungen helfen bei der Planung eines Laubengangs.
- Eine Breite von 2 bis 3 m stellt sicher, dass zwei Personen bequem nebeneinander gehen können.
- Je länger der Laubengang, desto breiter muss er sein.
- Kleine Tricks erlauben optische Täuschungen. Soll der Laubengang nicht so lang wirken, wird er breiter angelegt, kurze Abschnitte lassen sich optisch strecken, wenn die Breite verringert wird.
- Die Höhe von 2,5 m bis 3,5 m sollte in einer harmonischen Beziehung zur Breite stehen.
- Richtungsänderungen, wie auch Anfang und Ende des Laubengangs, können durch integrierte Lauben betont werden.

Tipps zur Ausführung

- Ein Flachdach mit regelmäßig verteilten Auflagehölzern ist am einfachsten zu bauen.
- Die Konstruktion von Laubengängen entspricht der von Pergolen, am besten werden Modulelemente gebaut, die sich erweitern lassen.
- Geschlossene Laubengänge aus Holz mit 2 bis 3 m langen Modulelementen anlegen, offene Laubengänge mit gemauerten Stützen in 3 bis 3,5 m langen Abschnitten.

74 Edel ausgeführter Laubengang, erbaut aus Eiche und mit Glyzinien bewachsen, im Garten von Houghton Hall, England.

Pergolen

Die Rolle der Pergola im südländischen Klima als Schattenspender und als Rankgerüst für Weinreben ist in hiesigen Gegenden eher zweitrangig. Ausschlaggebend ist hier vielmehr der Reiz, einen weiteren Wohnraum im Freien zu schaffen. So sind sie häufig direkt an der Hauswand angebracht, in Form einer offenen Überdachung der Terrasse, die eine Verbindung zwischen Innen- und Außenraum schafft.

Für die einfachste Konstruktion, eine sogenannte Auflagenpergola, bestehend aus raumhohen Stützen, verbunden mit Hölzern, sind wenig Spezialkenntnisse nötig. Erst wenn das Ganze zum flächendeckenden Minibauwerk mit Stützen, Querträgern und Auflagehölzern wird, ist die Ausführung schwieriger.

Stützen und Pfetten brauchen nicht aus dem selben Material gefertigt sein. Die Stützen können z.B. auch aus Naturstein, Klinker, Ziegel oder Beton bestehen. Ein Potpourri an Materialien ist allerdings selten geschmackvoll, deshalb empfiehlt sich, das Baumaterial des Hauses aufzunehmen. Soll die gesamte Konstruktion aus Holz gebaut werden, stehen Rund- und Kantholz zur Wahl. Die Stützen werden in Metallschuhe gesetzt, um direkten Bodenkontakt zu vermeiden.

Die Stärke der Stützen wie auch die der Querträger hängt vom Gesamtgewicht, der Spannweite der Träger und der gewünschten optischen Erscheinung ab. Wird die Dimensionierung von Stützen, Querträger und Auflagehölzern nicht sorgfältig aufeinander abgestimmt – auch auf die Größe des Gartens – passiert es leicht, dass die Konstruktion zu wuchtig, bedrückend oder rustikal wirkt.

Bei größeren Pergolen mit mehr als zwei Stützenreihen kann die Benutzbarkeit der Fläche eingeschränkt sein.

Tipps zur Ausführung

- Erprobter Stützenabstand: 3 m
- Minimale lichte Höhe: 2,30 m
- Stirnholz der Stützen durch eine fachgerechte Verbindung der Auflagehölzer schützen.
- Stützen in Metallschuhe setzen.
- Der Überstand der Auflagehölzer soll je nach Proportion mindestens 30 cm, maximal 60 cm betragen.
- Wasserlöcher im Holz vermeiden: Schrauben mit der Oberfläche bündig versenkt anbringen.

75 (linke Seite) In diesem südfranzösischen Garten haben sich Naturholzstützen und Glyzinie vereint zu einem großartigen, schattenspendenden, blühenden Gebilde. Die Konstruktion der Pergola ist bedacht: Stärke und Abstände der Balken aus Esskastanienholz sind abgestimmt auf die Breite der Pergola und das Gewicht der Glyzinie. Regelmäßiges Beschneiden ist wichtig bei allen Kletterpflanzen, um zu verhindern, dass sie überhandnehmen.

76 (unten) Nahaufnahme einer Pergola, umschlungen von einer Clematis, entworfen von Selina Botham. Eiche, einfache Überblattung (siehe Seite 127).

Rosenbögen

Rosenbögen sind Bestandteil jedes klassischen Rosengartens, beliebt zur Betonung von Toren und als Blickachsen. Trotz des umfangreichen Angebots an Fertigware sind immer neue Versionen dieses klassischen Gartenelements zu finden. Ihre handliche Größe und einfache Konstruktion macht sie zum Selberbauen reizvoll.

Die Leiterstruktur kann Kinder zum Klettern verführen, deshalb nicht in unmittelbarer Nähe von kantigen oder scharfen Gegenständen aufstellen.

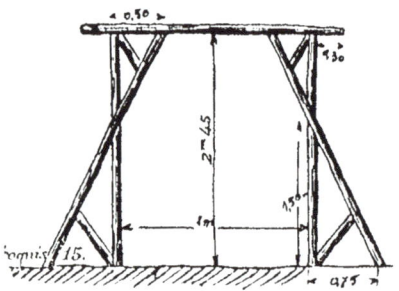

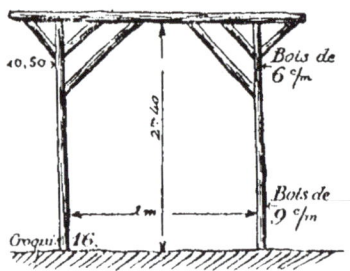

77 Eine Auswahl von Kletter- und Ramblerrosen für Pergolen und Lauben:
'American Pillar', rot
'Alchymist', rosa
'Ghislaine de Féligonde', apricotfarbige Knospen, gelb, dann cremeweiß
'New Dawn', hellrosa
'Paul's Scarlet Climber', scharlachrot
'Veilchenblau', purpurviolett
'Wedding Day', weiß

78
Laubengänge, Bögen und Pylone aus Rundhölzern in rustikaler Bauweise sind Bestandteile vieler Gärten. Hier vorgeschlagen für den Rosengarten aus „Vie à la Campagne", 1936.

79 Rosenbogen, berankt mit 'Phyllis Bide'.

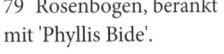

Bauanleitung: Rosenbogen

Holzart

Wie abgebildet: Rahmen aus Fichte, Sprossen aus Lärche. Es dient seiner Haltbarkeit, wenn der Rosenbogen nur aus Lärche gebaut wird.

Fertige Maße

Untere lichte Breite: ca. 135 cm
Lichte Höhe: ca. 192 cm
Untere Tiefe: 50 cm
Solange die Proportionen beibehalten werden, ist jede beliebige Größe möglich.

Holzliste

Rahmenhölzer 55 × 55 mm
(aus Rohware 60 × 60 mm)
4 Stück, 180 cm lang
4 Stück, 60 cm lang
2 Stück, 65 cm lang
19 Sprossen 20 × 30 mm, Länge von 40 bis 70 cm
Die Ausgangsmaße sind etwa 5 mm stärker zu nehmen, wenn von Rohlingen weggearbeitet wird.

Verbindungen

Ecküberblattung mit verzinkten Nägeln, Schrauben, 4 × 50 mm, Stückzahl 2 - 4 je Blatt, gesichert.

Arbeitsablauf

Höhe des Bogens ermitteln, Maßskizze anfertigen, danach Holzliste erstellen.

1. Rahmenleiter bauen: Die beiden seitlichen Rahmen herstellen, halbecküberblattete Verbindung aufreißen und ausführen. Abstand zwischen den seitlichen Stützen messen, Einteilung der Sprossen aufzeichnen und Sprossen verteilen. Löcher entsprechend vorbohren.

2. Mit Senkbohrer passend zur Schraubenkopfgröße bohren. Die Schrauben nicht zu tief einschrauben, damit keine Vertiefung entsteht, in der Wasser stehenbleiben kann.

3. Montage der Rahmenleiter: Abstand zwischen den Leiterteilen messen und den oberen, dreiteilig abgeschrägten Bogenrahmen montieren. Die Verbindung eventuell zusätzlich mit wasserfestem Leim zusammenfügen und an den Innenseiten verschrauben. Obere Sprossen gleichmäßig verteilen und anbringen.

Montage vor Ort: Erdnägel einschlagen (am billigsten ist Baustahlabfall), anschließend die Stützen mit Draht an die Nägel binden. Diese Befestigung wird nur zur Sturmsicherung benötigt. Auf diese einfache Art lässt sich der Rosenbogen beliebig im Garten umstellen.

Tipps zur Gestaltung

• Die Aufteilung der Sprossen wird lediglich von der gewählten Aufteilung über dem Bogen bestimmt, sie sollte aber gleichmäßig sein.
• Bogenwinkel und Gesamthöhe werden gemäß der Nutzung ausgelegt, für manche Zwecke ist ein schmaler, niedriger Bogen besser geeignet als ein breiter und höherer.
• Kletterpflanzen lassen sich gut an den Rahmen und Sprossen festbinden.

Entwurf und Ausführung:
Zimmermeister Wolfgang Weigl und Lehrlinge im Rahmen der überbetrieblichen Ausbildung zum Zimmerer, Bauinnung München.

80

81

82

Freistehende Pflanzstützen

Die Auswahl an freistehenden Pflanzstützen und Gerüsten reicht von einfach zusammengebundenen Holzstangen bis hin zu eleganten, gezimmerten Obelisken. Welche Art verwendet wird, ist abhängig von dem, was gestützt wird, vom Standort (Nutz- oder Ziergarten) und vom Stil des Gartens.

Im Nutzgarten: zweckmäßig und einfach
Holz war das Material der ersten Stunde für Pflanzstützen im Nutzgarten. Haselruten, Hainbuchenzweige, Weide, was gerade zur Hand war, wurde einfach in die Erde gesteckt und als Kletterhilfe und Stütze für alles, von Bohnen bis zu Gurken, verwendet. Diese Stützen, entweder oben zum Dreieck gebunden, aneinandergereiht als „Kletterwand" oder zu Kuppeln gebogen, halten nur für eine Saison und können auch heute noch von jedermann schnell gefertigt werden. Messer, Gartenschere, Zwirn und ein Bündel Stangen in der passenden Länge genügen. Die Höhe der Stütze richtet sich nach der Pflanze und reicht von 90 cm für Kuppelformen bis zu 2 m und mehr für Feuerbohnen.

Im Rosengarten und Blumenbeet: kunstvoll und einfallsreich
Die Entwicklung der einfachen Naturholz-Stützkonstruktion zum zierenden Gestaltungselement fand Ende des 19. Jahrhunderts bis ins beginnende 20. Jahrhundert ihre Vollendung im Rosengarten. Ziel war zum einen, die Kletterrosen optimal zu präsentieren, und zum anderen, dem Garten Eleganz zu verleihen und ihn auch außerhalb der Blütezeit

zu schmücken. Die bis zu 3 m hohen Stützen, erbaut aus Kanthölzern und Latten, wurden in der Regel farbig angestrichen und dienten auch als Akzente. Zu den gängigsten Typen gehören:

Obelisken, auch Pyramiden genannt, bestehen aus einer quadratischen Grundfläche, die auf vier Seiten von Lattenwerk umgeben ist, das spitz auf eine hölzerne Abdeckplatte zuläuft, die mit einer Kugel, einem Pinienzapfen oder einer sonstigen Zierform geschmückt ist. Diese Konstruktionsform wurde bereits in Barockgärten als schmückendes Element eingesetzt und ist heute häufig in englischen Gärten zu finden. Obelisken finden auch ohne pflanzliche Begleitung einen Platz im Außenraum, etwa als Auftakt beidseits einer Haustür, oder sie können auch mit einem Leuchtkorpus kombiniert werden und als Beleuchtungskorper dienen.

Pylonen: Von der Form her ähneln diese Strukturen Türmen. Wie Obelisken haben sie eine quadratische Grundfläche, die in adäquater Proportion zur Höhe stehen sollte. Die leiterähnliche Erscheinung der Seiten aus Kanthölzern, Latten oder Naturholz kann etwas streng wirken. Die Eckpfosten sollten so lang sein, dass sie in den Boden eingelassen oder gedrückt werden können, um bei starkem Wind etwas mehr Standfestigkeit zu gewährleisten. Bewachsen mit blühenden Kletter- und Schlingpflanzen wie Rosen, Clematis und Lonicera, wirken diese Gestalten wie Ausrufezeichen im Garten.

80 (linke Seite) Elegant, aber auch ländlich. Obelisken nach einem Entwurf von George Carter im Blumenbeet von Columbine Hall, England.

81 Pylone aus Naturholz, umschlungen von einer Ramblerrose als hohes vertikales Element im Staudenbeet von Houghton Hall, England.

82 Pflanzstützen aus Weiden- und Haselruten zu fertigen, gehört zur Gärtnerarbeit. In Wyken Hall, Suffolk, England, entstehen sie jedes Jahr im Spätfrühling aufs Neue für den Einsatz im Gemüsebeet.

Behälter für den Garten – Hochbeete, Kompostkisten und Pflanzkübel

83 Niedrige Hochbeete, eingefasst mit Brettern, im Küchengarten der Old Rectory, Pulham, England. Diese Abwandlung von Einfassungsformen, bekannt aus Bauerngärten, wurde hier mit Stützen an den Ecken und in gleichmäßigen Abständen entlang des Beets gebaut, um dem Druck der Erde standzuhalten. Je höher das Beet, desto größer der Druck, und umso stärker müssen die Bretter sein.

Wer hat nicht während seiner Schulzeit eine einfache Holzkiste im Werken gefertigt? Einen Rahmen zu zimmern und die Seiten mit Holz zu verschalen, gehört zu den Grundfähigkeiten, die wir alle beherrschen sollten und die gut anwendbar sind im Garten. Behälter für Kompost, für Pflanzen und für Beete – sie alle sind Varianten einer Kiste und ihre Konstruktion beruht auf den gleichen Prinzipien. Die Stärke der Hölzer ist abhängig vom Verhältnis zwischen Endgröße und Last. Kanthölzer werden in der Regel für den Rahmen benutzt, Latten für die Verschalung. Auch bei kleineren Projekten zahlt es sich aus, eine Zeichnung mit den Maßen anzufertigen und eine Aufstellung der benötigten Holzteile und Mengen zu machen. Hochbeete und Kompostanlagen sollten vor Ort ausgesteckt und ihre Lage und Größe sollte geprüft werden, bevor man zu Hammer und Säge greift.

Da das Holz in direktem Kontakt mit Erde, Vegetation oder mit beidem steht, muss man darauf gefasst sein, dass – je nach Holzart und Witterung – die Teile mit der Zeit morsch werden und ersetzt werden müssen. Trotzdem: Konstruktiver Holzschutz (Seite 138) ist stets chemischen Eingriffen vorzuziehen.

84

Hochbeete

Die Beliebtheit von Hochbeeten als einer rücken- und altersfreundlichen Art zu gärtnern lasst nicht nach. Sie sind, wenn man so will, eine Weiterentwicklung der einfachen, mit Holzbrettern umrahmten Gemüse- und Blumenbeete, wie sie in Bauerngärten zu finden sind. Es gibt inzwischen unterschiedliche Gestaltungsmöglichkeiten und Ausführungsarten. Zahlreiche Bücher wurden über Hochbeete geschrieben, denn sie sind nicht allein aus Gründen der Bequemlichkeit oder aus gestalterischen Überlegungen heraus entstanden. In Gegenden, wo schlechte Bodenverhältnisse herrschen, sind Hochbeete fast die einzige Chance, etwas anzubauen. Dort, wo kein anstehender Boden vorhanden ist, etwa auf Balkonen und Dachterrassen, bilden Hochbeete wertvolle Anbauflächen. Zahlreiche Anleitungen und Vorschläge sind im Internet, beispielsweise auf YouTube,

zu finden. Trotz aller Vorteile des virtuellen Schauens ist es ratsam, in der Planungsphase wirkliche Beispiele bei Freunden, während eines Spaziergangs durch einen Schrebergarten, sogar in öffentlichen Grünanlagen, im Gartencenter oder Baumarkt anzuschauen. Prüfen Sie,

- welche Höhe Sie bevorzugen, denn Hochbeete reichen bis zu 130 cm;
- die Breite; man sollte von beiden Seiten mit ausgestreckten Armen leicht die Mitte bearbeiten können;
- ob die Einfassung / der Rand des Beetes auch als Ablage- oder Sitzfläche dienen soll. Wenn ja, sind stärkere Hölzer notwendig
- bei hohen Hochbeeten die Stärke der Bretter. Sie müssen stark genug sein, um dem Druck des Inhalts standzuhalten.

Alte, gebrauchte Bahnschwellen sollten aufgrund der Imprägnierung nicht verwendet werden.

84 Unterschiedliche Hochbeete, sowohl in Höhe wie Fläche, ermöglichen den Anbau von Gemüse am Rande des Gartens. Sorten, die in dem dortigen kalkhaltigen Boden nicht angepflanzt werden können, gedeihen im nährstoffreichen Boden der Hochbeete. Metallleisten und Winkel an manchen Ecken und auf den seitlichen Flanken verstärken die Kisten, die aus zusammengenagelten Brettern errichtet wurden.

Während es selbstverständlich ist, Hochbeete auf einem Balkon oder einer Dachterrasse mit einer Bodenplatte zu versehen, gehen die Meinungen darüber im Garten, wo ein direkter Erdanschluss besteht, auseinander. Manche befürchten, dass Unkraut von unten hochwachsen könnte oder Wühlmäuse eindringen würden, und bauen daher eine Bodenplatte oder sonstige Sperre ein. Leider werden dabei zwei Aspekte übersehen: die Sickerfähigkeit und die Rolle der unentbehrlichen „Helfer" des Gärtners, der Würmer und Mikroben. Ein

konstanter, barrierefreier Austausch sollte stets möglich sein. Wasser sollte abfließen, und die Würmer sollten freien Zugang haben. Eine Lage Pappkarton kann, nach dem Prinzip „No dig" (nicht umgraben), wie es der Engländer Charles Dowding befürwortet, als Unkraut hemmende Sperre anfangs unten im Hochbeet ausgelegt werden. Wenn Würmer ihre Arbeit machen dürfen, wird mit der Zeit sogar lehmiger Boden aufgelockert, bereichert und die Durchlässigkeit für Wasser verbessert.

85

85 Im Cottage-Garten von East Lambrook, England, fällt viel Grünabfall an. Die Kompostanlage besteht aus drei etwa 1.30 m hohen und über 2 m langen Kisten, errichtet aus Latten mit einer offenen Konstruktion. So ist für Sauerstoffzufuhr und Belüftung gesorgt.

Kompostkisten

Guter, selbst gemachter Kompost ist Gold wert. Grünabfall und Laub zu sammeln, zu lagern, jährlich zu wenden, bis alles mithilfe von Würmern, Mikroorganismen, Sauerstoff und Wärme zum feinen, nährstoffreichen Kompost abgebaut ist, ist fundamental beim Gärtnern. Es gibt Ratgeber noch und noch zum Thema Kompost und auch unterschiedliche Meinungen, welches die beste Methode und die geeigneten Behälter sind. Wenn genügend Platz zur Verfügung steht und der Abstand zum Nachbarn gewahrt werden kann, sind lange, parallel aneinandergereihte, aufgeschichtete Hügelbeete optimal. Sie werden jedes Jahr umgestochen, bis der Verrottungsprozess etwa nach drei Jahren abgeschlossen ist. In der Regel ist jedoch der Platz beschränkt, und die Kompostanlage muss möglichst kompakt, zweckmäßig und ästhetisch gestaltet sein.

Das Verständnis davon, wie Kompost entsteht, hilft bei den Überlegungen zur Art und Ausführung des Behälters. Abbau und Verrottung von Vegetation finden überall in der Natur

statt; alles, was wir im Garten machen, ist, den Vorgang zu unterstützen und zu beschleunigen, indem möglichst optimale Bedingungen geschaffen werden. Grünabfall, gesammelt in einem Behälter, ist konzentriert auf eine kleine Grundfläche. Je mehr Vegetationsreste hinzugefügt werden, desto mehr Druck entsteht und Wärme kann sich entwickeln, was wichtig ist für den Verrottungsvorgang. Würfelartige Kompostbehälter, einfach und schnell zu errichten aus Holzpfählen oder Kanthölzern, die wie Zaunfosten in den Boden eingelassen und seitlich mit Latten versehen werden, gehören zu den beliebtesten Formen. Die Höhe kann 90 cm bis 150 cm betragen, die Seitenlänge 75 cm bis 150 cm. Ist ausreichend Platz vorhanden, sind Kompostkammern, bestehend aus drei aneinandergereihten Boxen, zu empfehlen. Grünabfall wird zuerst in der linken Kammer gesammelt, nach einem Jahr in die mittlere Kammer umgeschichtet und ein Jahr später in die rechte Kammer umgelagert und von dort, wenn sie zu einem dunklen,

86

krümeligen Kompost abgebaut ist, im Garten verteilt.

Es stellt sich immer wieder die Frage, ob eine Bodenplatte oder ein Fundament vonnöten ist. Hier sind zwei Aspekte zu bedenken:

• Eine gewisse Feuchtigkeit und Sauerstoffzufuhr sind wichtig für den Verwesungsprozess. Ist es zu trocken, ist der Vorgang gebremst, ist es zu nass, entsteht ein stinkender Sumpf. Niederschlagswasser muss gut und unbehindert versickern können, ein Grund, weshalb ich persönlich von einer Bodensperre abrate.

• Ein weiterer Aspekt sind Mikroorganismen und Würmer. Sie sollten einen guten Zugang zum verrottenden Material haben und ihre Arbeit möglichst ungestört ausführen können. Das Bedenken, es könnten sich Ratten im Kompost einnisten und darum sei eine Bodensper-

re notwendig, verhindert nicht das seitliche Eindringen. Besser ist es, Ratten und Füchse nicht zu „füttern", indem Sie keine Essensreste, Fleisch- oder sonstige Eiweißreste auf den Kompost geben.

Die nächste Frage gilt der Konstruktion der Vorderseite des Kompostbehälters. Soll sie offen oder herausnehmbar sein? Bei kleineren Kisten mit Grundflächen unter 100 cm × 100 cm sind herausnehmbare, oder abschraubbare Fronten zu empfehlen, um das Umstechen des Inhalts nach einem Jahr, meistens im Vorfrühling, zu ermöglichen. Bei Anlagen mit mehr Tiefe, beispielsweise 150 cm, kann die Vorderseite offen sein, denn die Fläche ist groß genug, um Material aufzuschichten, ohne dass es herauspurzelt. Letztendlich sind Kompostanlagen so individuell wie die Gärten selber. Es gibt zwar Grundregeln, aber

86 Theresa-Mary Mortons Kompostraum, eingefriedet durch Horden (siehe Seite 97), ist durch ein eigenes Tor zugänglich. Dort hat sie Kompostkisten im Stecksystem aufgestellt, die leicht zu errichten und abzubauen und in der Regel in Größen von 100-120 cm und Höhen von 60-100 cm im Baumarkt erhältlich sind. Sie können auch selbst, beispielsweise aus Lärchenholz, gebaut werden.

87 (nächste Seite oben) Eine Kompostanlage als Dreier-Box mit seitlicher Öffnung ist bequem zu bedienen und umzuschichten.

jeder Standort wie auch jede Beigabe von Zutaten ist anders, dazu kommen die persönlichen Präferenzen. Das Beste ist, persönliche Erfahrungswerte zu sammeln und sich nicht davor zu scheuen, das wahre Herz des Gartens, die Kompostanlage, bei einem Gartenbesuch zu begutachten.

Pflanzkübel

Von einfachen Holzkisten aus dem Recycling bis hin zu exklusiven Versailles-Pflanzkübeln gibt es eine große Auswahl an hölzernen Pflanzkisten und Kübeln für den Garten oder Balkon. Egal, ob sie als Übertöpfe oder als Behälter für die Pflanzen selbst dienen, es ist wichtig, für eine gute Drainage zu sorgen. Löcher in der Bodenplatte und Abstand vom Boden helfen, diese zu gewährleisten. Der Versailles-Pflanzkübel, so benannt nach seinem Ursprungsort in der Orangerie des Palasts von Versailles, Frankreich, ist ein Klassiker. Der würfelartige Holzkübel wurde entwickelt, um im Spätfrühling exotische Pflanzen aus dem Überwinterungslager ins Freie zu transportieren. Die Seiten sind mit Eisenscharnieren versehen und können abmontiert werden, um ein Umsetzen der Pflanze zu ermöglichen. Hinterher können sie wieder geschlossen werden. Dieser praktische, wiederverwendbare Pflanzkübel ist auch heute noch in Größen von 50 × 50 cm bis 150 × 150 cm in zahlreichen Farben im Handel erhältlich. Die Konstruktionsprinzipien wurden vielfach neu interpretiert, auch für Tröge. Holzfässer werden gerne im Garten als Blumenkübel, als Mini-Teich oder Regenwassertonnen verwendet. Ihre rustikale Erscheinung passt am besten zu Landhausgärten.

88 Pflanzkübel mit exotischem Bewuchs, aus dem Wintergarten ins Freie gestellt im Burggarten von Schloss Schwerin, Mecklenburg-Vorpommern.

89 „Versailles"-Pflanzkübel im Garten des Château de Brécy, Frankreich, gestrichen in den Hausfarben.

90 und 91 Brunnentröge, herausgeschlagen aus Tannen- oder Lärchenrohlingen (Stämme), dienen in der Almwirtschaft als Wasserbehälter. Sie sollten nicht direkt auf den Boden gestellt werden und halten bis 20 Jahre bei der Verwendung des entsprechenden Holzes.

92

94

93

95

Gartenbauten aus Holz

Für viele Menschen ist der Garten erst vollendet mit der Errichtung eines Gartenpavillons oder Sommerhauses, einer Hütte oder Laube. Die französischen Barockgärten waren gekennzeichnet durch elegante Bauten aus Gitterwerk, die englischen Landschaftsgärten durch rustikale, romantische Unterschlüpfe aus Naturholz. Typisch für chinesische Gärten waren hölzerne Pavillons mit schwebenden Dächern an Wasserflächen oder auf kleinen Hügeln. In Villengärten vom Ende des 19. Jahrhunderts war alles anzutreffen, von einer überdachten Sitzbank bis zum leichten Pavillon oder zu einer Blockhütte und sämtliche Varianten dazwischen. Laubsägearbeit im Zuckerbäckerstil war beliebt, ebenso wie scheinbar beiläufig zusammengestückelte Schuppen. Musterbücher mit detaillierten Plänen animierten den begabten Hobbyheimwerker und Fachmann gleichermaßen.

Einstöckige Kleinbauten aus Holz abseits des Wohnhauses dienten früher wie heute als Blickpunkt, Rastplatz oder Refugium und als Ort, sich zu unterhalten oder zu speisen. Grundsätzlich ist zu unterscheiden zwischen

- geschlossenen Bauten wie Gartenhäusern, auch Gartenlauben genannt, Gartenschuppen, Baum- und Spielhäusern.
- offenen und halboffenen Bauten wie beispielsweise Pavillons, Salettl und überdachte Sitzplätze.

Tipps zur Gestaltung

- Der Stil des Bauwerkes muss mit der Gestaltung des Gartens harmonieren.
- Stets einen ausreichend großen Dachüberstand zum Schutz vor Feuchtigkeit einplanen.
- Mit Farbe arbeiten. Von allen Elementen im Garten profitieren die Gartenbauten am meisten von der Farbe, ausgenommen Naturholzarbeiten.

Tipps zum Standort

- Besonnung und Schattenwurf bedenken
- Öffnungen im Windschatten der Hauptwindrichtung platzieren.
- Staunässe am Fuß des Bauwerks vermeiden, für eine schnelle Entwässerung durch entsprechenden Bodenbelag (Kies) und Gefälle weg vom Bau sorgen.
- Grenzabstand zum Nachbarn berücksichtigen.
- Nur auf gewachsenem Boden aufstellen, nicht auf Boden, der frisch hinterfüllt ist.

Tipps zur Ausführung

- Bei Bausätzen vor der Montage prüfen, wie die Fundamente beschaffen sein sollen.
- Bei Selbstbau möglichst viele Teile in der Werkstatt vorfertigen, Probemontage vornehmen.
- Holzteile vor direktem Bodenkontakt schützen.

96

96 Behausungen fürs Federvieh werden heute nicht mehr versteckt, sondern in den Garten integriert wie hier in Cranborne Manor, England. Sie sollen ästhetisch, aber auch praktisch sein, am besten erhöht und abschließbar, so dass Füchse nicht eindringen können. Imprägniertes Holz ist nicht zu verwenden.

Beispiele aus der spannenden Welt der Gartenbauten:

92 (linke Seite) Das „Kürbis-Haus" von Antoine Pierson im Arboretum vom Tullynally Castle, Irland.

93 „Rings of Time", eine Garten-Casita, inspiriert von der heimischen Kalifornischen Weide, entworfen von Marc Whitman und Tara Saylor, im botanischen Garten Santa Barbara, USA.

94 Ein Teehaus nach asiatischem Vorbild im Garten von Fürst Fugger-de Polignac, Bayern.

95 Frisch gebaut: Ein Gartenpavillon mit halbhohen, geschlossenen Wänden und eingebauter Sitzbank wartet auf pflanzliche Begleitung.

97 Der Naturpavillon mitten im Irrgarten von Glendurgan Garden, England, dient gleichzeitig als Zielpunkt und Unterstand bei Regen.

98 Ein Sommerhäuschen im Garten, wenn auch klein, ist ein wertvoller Rückzugsort. Denken Sie bei Bau oder Bestellung an die Bodenplatte. Das Gebäude soll leicht erhöht sein und nicht in direkten Kontakt mit dem Boden kommen, um Feuchtigkeit zu vermeiden. Solche konstruktiven Holzschutzmaßnahmen verlängern die Lebensdauer von Holzbauten.

99 Baumhäuser haben etwas Urtümliches an sich und sind bei Jung und Alt beliebt. Dieses Baumhaus aus Flechtwerk ist wie ein Kokon und schmiegt sich zwischen die Äste (siehe auch Seiten 71-73).

Keine dieser Bauten ist zum dauerhaften Bewohnen bestimmt. Sie sind in erster Linie ein Schutz gegen Niederschläge oder Sonne. Die Grundausstattung ist einfach, Strom- und Wasseranschlüsse sind selten vorhanden. Gartenbauten sind eine Ergänzung und sollten nicht dominieren. Folgende Punkte sind wichtig bei der Planung:

• **die Größe:** Das Ausmaß ist durch die Bauverordnung begrenzt, es variiert von Bundesland zu Bundesland und ist unbedingt in der Planungsphase zu prüfen. Gartenhäuser und Gartenlauben in Schrebergärten sind ein Thema für sich und werden im Rahmen des Buches nicht behandelt. Dort gelten andere Regeln wie das Bundeskleingartengesetz, wonach die maximale Größe eines Gartenhauses 24 m² inklusive Freisitz beträgt.

• **die Nutzung:** Gartenhäuser haben einfache Strukturen für vorübergehende, zeitweise Benutzung. Ihre Bauweise und Ausstattung sollte nicht für dauerhaftes Wohnen ausgerichtet sein. Gartenhäuser haben während der Pandemie an Wertschätzung gewonnen. Sie wurden unter anderem zu Arbeitszimmern, Mini-Fitnessstudios und Musikstu-

dios umfunktioniert oder sogar als solche gebaut. Die örtlichen Bauvorschriften sind unbedingt zu prüfen, bevor mit dem Bau oder Umbau begonnen wird.

• **der Standort:** Bevor man sich Gedanken macht über den gestalterischen Standort, sind die rechtlichen Belange zu klären, vor allem die zulässige Nähe zur Nachbargrenze. Grundsätzlich ist ein Abstand von drei Metern von der Nachbargrenze einzuhalten. In Anbetracht der Tatsache, dass viele Gärten klein sind, gibt es Ausnahmen, wonach der Gartenschuppen an der Grenze errichtet werden kann: Die Höhe ist nicht mehr als drei Meter; die Gesamtlänge je Grundstücksgrenze ist nicht mehr als neun Meter; der Gartenschuppen ist nicht für den Aufenthalt bestimmt und enthält keine Feuerstätte. Wichtig ist, dass das Errichten eines Gartenschuppens keine nachteiligen Auswirkungen für den Nachbarn hat. Es ist grundsätzlich empfehlenswert, den Nachbarn vorab über das Vorhaben zu informieren.

Gartenschuppen, Geräteschuppen

Der einfache, zweckmäßige Geräteschuppen gehört zur Grundausstattung des Gartens. Während er früher kaum beachtet wurde, hat er nunmehr an Status gewonnen. Statt ihn zu verstecken, wird er in vielen Fällen in die Gestaltung mit eingebunden und durch Farbe, eine vorgesetzte Veranda oder, mit Kletterpflanzen ummantelt, zu etwas Besonderem gemacht. Das Angebot an Fertigbauten, Steck- und Schraubsystemen, Blockhäusern – alles aus Holz – ist vielseitig, manche sind nostalgisch angehaucht,

andere sachlich modern. Viele Anbieter haben informative Internetseiten, die bei der Entscheidung, bei Vorgaben – hier ist das Fundament gemeint – und bei der Errichtung helfen. Wie bei anderen Bauwerken im Garten lohnt es sich, den Standort zu prüfen und ihn auszustecken, bevor eine Entscheidung getroffen wird. Begutachten Sie den vorgesehen Platz von allen Seiten und auch vom Haus aus, achten Sie auf den Schattenwurf und darauf, wie das Vorhaben den Gartenraum verändert.

100 Mit Phantasie kann etwas Gewöhnliches wie ein Gartenschuppen zu etwas Besonderem gemacht werden. Kathy Fries in Seattle, USA, hat lediglich die Tür ausgetauscht, Fensterläden hinzugefügt, alles gestrichen, und schon war das Häuschen verwandelt.

101 Manchmal soll der Gartenschuppen sich wie selbstverständlich ins Grün einfügen. Trotz rustikaler Erscheinung ist regelmäßige Wartung zu empfehlen.

102 Bunt gestrichen, erweckt dieses kleine Sommerhaus im Cranborne Manor Garden den Anschein eines Spielhauses für Kinder. Es ist aber ein Unterschlupf für Erwachsene bei starkem Wind oder Regenschauer.

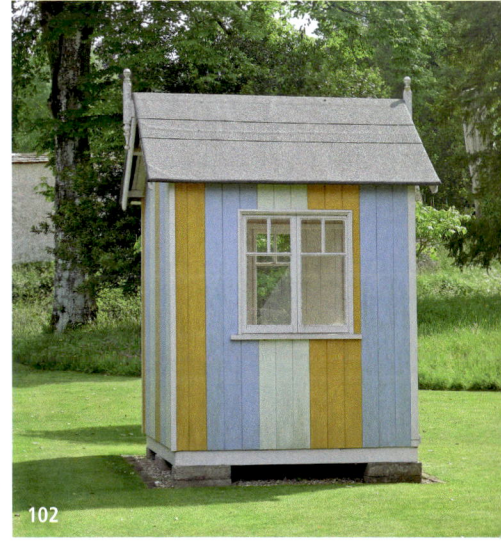

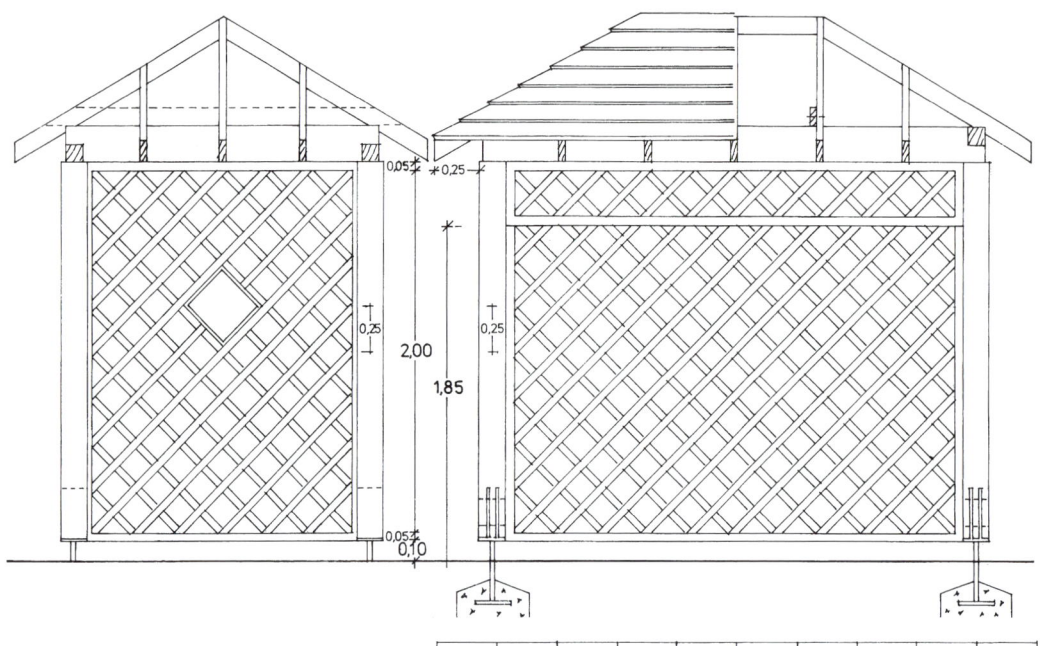

103 Grundriss, Seitenansicht und
Rückseite einer Gartenlaube mit
offener Front, entworfen für einen
leicht erhöhten Platz mit Blick
auf das Haus und davorliegender
Wiese. Eine einfache Version der
Treillagelaube, ausgeführt mit
Kantholzstützen 15 × 15 cm, in
Pfostenschuhe gesetzt. Gitterpanee-
le an drei Seiten, Rahmen 5 × 5 cm,
Latten 2,5 × 4 cm. Dachdeckung
Holzschindeln. Alle Holzteile sind
aus dunkelgrün gestrichener Fichte
gefertigt.

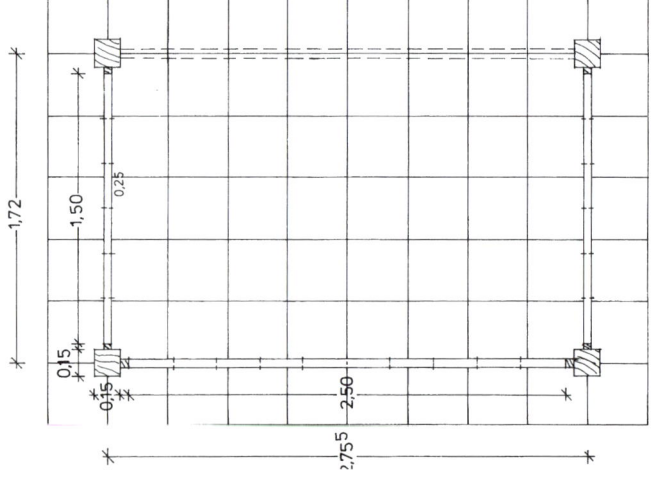

104 Propagating Dan hat viele
ungewöhnliche Ideen und setzt sie
gerne in seinem kleinen Stadtgar-
ten in London um. Anstelle einer
Hütte baute er ein Holzgestell mit
Sitzbank an zwei Seiten. Die leichte,
luftige Konstruktion kann nach
Lust, Laune und Tageszeit verwandelt werden, mit Tüchern drapiert,
von Pflanzen umschlungen oder mit
Lichtern behängt.

104

Pavillons und offene Gartenbauten

Die Bandbreite an offenen Gartenbauten ist enorm und umfasst unterschiedliche Gestaltungsformen von Pavillons bis zu überdachten Sitzplätzen. Sie können eine elegante oder rustikale Form annehmen, im Mittelpunkt stehen oder, umhüllt von Vegetation, romantisch und malerisch wirken. Pavillons sind fundamental für das Erlebnis eines chinesischen Gartens. Da sie offen sind an allen Seiten, lässt sich der Garten in alle Richtungen zu allen Jahreszeiten genießen. Bei den japanischen Pavillons ist der Blick eher introvertiert auf einen spezifischen Bereich bezogen. Die Rückwand ist geschlossen, vielleicht mit einem vergitterten Fenster versehen und oft mit einer langen, eingebauten Holzbank ausgestattet, von wo aus man die Gartenszene auf sich wirken lassen kann. Die englischen Landschaftsgärten haben womöglich das umfangreichste Angebot an spielerischen, offenen Bauten, von reetüberdachten Rundbänken bis hin zu hölzernen Tempeln und aufwendigen, weiß gestrichenen Gazebos, denn bei den englischen Witterungsverhältnissen ist Regenschutz im Garten vonnöten.

Welcher Typus ausgesucht wird und ob er einen quadratischen, runden, sechs- oder achteckigen Grundriss hat, hängt vom Stil des Gartens ab. Dabei sind viele, darunter zeitgenössische Varianten, eigens für diesen Standort errichtete Unikate.
Egal, ob Sie das Gartenhaus oder den Pavillon selber bauen, einen Bausatz oder ein vorgefertigtes Gartenhaus errichten lassen, es gelten dieselben praktischen Regeln:

105 Ein 4 m hoher Rosen-Pavillon mit 4.50 m Durchmesser, erbaut aus Gitterwerk aus Naturholz, zu errichten „an einem offenen Standort mit Blick auf den Garten". „Les Roses", 1908, Gemen & Bourg.

106 Im Grünen: Die in Metallschuhen gesetzten Eichenpfosten und der Dachstuhl des Pavillons sind stark genug, um das Gewicht des Daches samt Bewuchs zu tragen. Jardins de Séricourt, Frankreich.

106

107

107 Gartenbauten mit breiterem Gitterwerk wirken luftig, die größeren Latten sind dauerhafter und erlauben einen besseren Blick in den Garten (Schloss Ramenau, Sachsen).

Tipps zur Gestaltung

• Die Gestaltungssprache des Bauwerks sollte im Einklang sein mit dem Stil des Gartens.
• Der Garten, nicht das Bauwerk, sollte immer im Vordergrund stehen.
• Denken Sie an die Blickbezüge, nicht nur vom Haus in den Garten hinein, sondern auch vom Gartenhaus ins Grüne.
• Öffnungen sind im Windschatten der Hauptwindrichtung zu planen.
• Lassen Sie sich in ländlichen Gärten mit Blickbeziehungen zur Umgebung von der Landschaft und der ortstypischen Architektur inspirieren.

Tipps zum Standort

• Die Baute mit Ausnahme von Baumhäusern nur auf gewachsenen, ebenen Boden stellen, nicht auf Boden, der frisch hinterfüllt ist.
• Besonnung und Schattenwurf bedenken.

Tipps zur Ausführung

• Das Bauwerk vorher ausstecken.
• Die Fundamente nicht vergessen. Bei Bausätzen vor der Montage klären, welche Art von Fundament ausgeführt werden soll.
• Holzteile vor direktem Bodenkontakt schützen. Erde keinesfalls gegen die Wände anhäufen.
• Die Entwässerung um das Bauwerk und vom Dach bedenken. Stau- und Tropfnässe rund um den Eingang vermeiden.
• Bei Selbstbau möglichst viele Teile in der Werkstatt vorfertigen. Probemontage vornehmen.
• Genügend Helfer bei der Montage einplanen.

Bauanleitung: Spielhütte

Rahmen und Dachstuhl der Spielhütte können in einer Werkstatt gefertigt, probeweise zusammengebaut, abmontiert und am Einsatzort aufgestellt werden. Spezielle, maßgefertigte Teile, wie die Giebelleisten, können nur in der Werkstatt hergestellt werden.

Fertige Maße

Gesamthöhe: ca. 2,5 m
Höhe vom Boden: ca. 60 cm
Höhe der Wandverkleidung: 60-70 cm
Länge: ca. 2,50 m, mit Dachüberstand
Breite: ca. 1,50 m, mit Dachüberstand.

Holzart

Fichte, für die Holznägel Eiche. Für eine dauerhaftere, aber teurere Lösung kann Lärchenholz verwendet werden. Es ist auch möglich, Fichtenholz für den Rahmen einzusetzen und Lärche für die Dachschalung. Nach Möglichkeit nur kernfreie Hölzer benutzen, um Rissebildung weitgehend zu vermeiden.

Holzliste

Rahmen: Pfetten, 2 Kanthölzer 8 × 8 cm (Rohmaß), 2,05 m lang; Stützen, 6 Kanthölzer 8 × 8 cm (Rohmaß), 1,80 m lang; Bodenträger, 2 Kanthölzer 6 × 12 cm (Rohmaß), 2 m lang
Boden: Schalbretter, 2 m²; Länge 1 m, Breite 2 m; ca. 19 mm dick, gehobelt und gefast
Verkleidung der Wände: Schalbretter, 3 m², ca. 19 mm dick, gehobelt und gefast, auch Schmalware geeignet
Sparren: Kanthölzer, ca. 5 × 11 cm, gehobelt (aus 6 × 12 cm), 6 Stück, jeweils 1,05 m lang geschnitten aus 3 Kanthölzern von 2 m Länge, die mittig schräg geteilt werden.

Dachverkleidung: Schalbretter, 5,5 m²; Länge 2,50 m, Breite 2,20 m; ca. 19 mm dick, gehobelt u. gefast, Breite ca. 12 cm
Sonderteile: Giebelleiste aus 6 × 6 cm, Länge vor Ort messen (ca. 4 × 1,10 m); Firstleiste aus 6 × 6 cm, 2,50 m lang; Stabdübel Eiche, Durchmesser ca. 10 mm (Buchenstäbe Durchmesser 10 mm sind als Meterware im Handel erhältlich.)
Metallverbindungsteile: Nägel, 60 mm lang, verzinkt; Holzschrauben für Längsträger (Bodenträger) und Dachsparren, Durchmesser ca. 6 × 100 – 120 mm.

Aufgrund der Witterungseinflüsse im Freien empfiehlt es sich, alle Nagel- und Schraubenverbindungen besonders sorgfältig auszuführen, d.h. beispielsweise Schrauben, Vorbohren und Senken nicht tiefer als oberflächenbündig einschrauben.

Entwurf und Ausführung: Zimmermeister Wolfgang Weigl und Lehrlinge im Rahmen der überbetrieblichen Ausbildung zum Zimmerer, Bauinnung München.

108 Das fertige Spielhaus im Garten.

108

Verbindungen

- Rahmen: durchgehender Zapfen, mit Holznagel befestigt
- Längsträger, Bodenträger: Einplatten, ca. 1 cm Einplatttiefe
- Sparren: Halbecküberblattet, Klauen
- Dach: Stülpschalung.

Arbeitskräfte

1 Person, 4 kräftige Personen zum Installieren vor Ort.

Arbeitsablauf

Maßgerechte Zeichnung des gewünschten Häuschens fertigen. Holzliste erstellen und Material besorgen.

1. Längsrahmen erstellen: Holz in entsprechende Längen zuschneiden. Zapfenlöcher in der Pfette einmessen und ausstemmen. Zapfen an den drei Stützenhölzern passend vorbereiten. Lage des unteren Längsträgers einmessen, Schnittstellen der Einplatten-Verbindung aufreißen und ausschneiden. Rahmenhölzer am Boden liegend verbinden, zuerst die Pfettenhölzer, anschließend die Längsträger.

2. Zur weiteren Befestigung der Zapfen ein Loch mit 10 mm Durchmesser vorbohren und einen 10-mm-Eichen-Holznagel einschlagen.
3. Bodenträger mit zwei 6 × 100 mm-Nagelschrauben an den Stützen befestigen. Vorgang für den zweiten Rahmen wiederholen.
4. Spielhausboden bauen: Der Holzboden verbindet die beiden Längsrahmen. Erstes Brett vorbereiten, Aussparung an beiden Enden aufreißen und sauber ausschneiden. Abstand der Rahmen

messen. Mit Hilfe von Zwingen das erste Bodenbrett einsetzen und befestigen. Abstand wie auch Winkel und waagerechte Lage prüfen, anschließend das Bodenbrett an zwei Stellen mit Holzschrauben oder verzinkten Nägeln befestigen. Querleisten an beiden Enden anbringen. Der Rahmen ist jetzt stabil. Bodenbretter nacheinander fachgerecht anbringen, dabei Aussparungen berücksichtigen.

5. Dachstuhl bauen: Eckverbindung (halbecküberblattet) der Sparren anreißen und ausschneiden. Winkel 45°. Provisorisch mit Zwingen zusammenmontieren. Berührungspunkte der Sparren an der Pfette markieren, Klaue auf den Sparren aufreißen und ausführen. Teile fest verbinden. Dachsparren montieren, Schraubenloch vorbohren und eine Schraube (ca. 6 × 120 mm, evtl. mit Unterlegscheiben) anbringen. Vorgang am anderen Ende wiederholen.
6. Nach Bedarf den First mit Mehrschichtplatte verstärken.
7. Wandverbretterung bauen: Verblendung an drei Seiten 60-70 cm über der Bodenebene anbringen. Schmale Seite offen lassen. Latten in regelmäßigen Abständen mit jeweils zwei Schrauben (alternativ nageln) an jedem Ende befestigen, die Fugenbreite entspricht etwa der Blattdicke eines Zollstockes. (Waagerechte Bretter so verteilen, dass versetzte Fugen entstehen.) Hirnholz nie knirsch setzen, sondern immer mit Abstand. Dies ist auch besser, wenn es gestrichen wird.
8. Brettkanten an den Enden brechen. An der Innenseite diagonale Strebenbretter aufschrauben.

9. Dachdeckung ausführen: Von unten beginnend erste Bretter der Stülpschalung mit darunterliegendem Keil anbringen. Brett für Brett mit 2 cm Überlappung festnageln.
10. Passgenaues Abschlussbrett montieren.
11. und 12. Holz der Giebelleiste messen, anreißen, zuschneiden und anbringen.

109

Durch das Gewicht der Konstruktion ist die Spielhütte stabil und muss zur Standsicherheit nicht unbedingt auf Fundamente gesetzt und verankert werden. Voraussetzung ist allerdings, dass der Bodenbelag zum schnellen Ableiten von Oberflächenwasser und zur Vermeidung von Staunässe sickerfähig ist.

Das erhöhte Spielhaus kann auch in einen gut federnden Bodenbelag wie z.B. Rindenmulch oder Sand gestellt, sollte aber nicht auf Pflaster gesetzt werden. Man kann die Stützen z.B. auch halb im Sandkasten eingraben, so dass das Spielhaus nur noch 10 cm vom Boden entfernt ist.

Die Konstruktion des Spielhäuschens lässt sich auch auf ein Baumhaus oder ein Gartenhäuschen übertragen, wenn die entsprechenden Holzquerschnitte verwendet, und beim Bau von Baumhäusern die Sicherheitsvorkehrungen berücksichtigt werden. Bodenebene Bauten sollten eine Stufenhöhe über der Erde liegen.

110

109 Variation des Spielhäuschens: feststehend, Stützen in Balkenschuhen auf Punktfundamenten.

110 Spielhäuser für Kinder, Castle Drogo, England.

Baumhäuser

Es sind nicht nur Kinder, die von Baumhäusern angezogen werden, auch Erwachsene sind von dieser Urform der Behausung fasziniert. Die Möglichkeiten reichen von einfachen, schwebenden Plattformen bis hin zu „Familie Robinson"-ähnlichen Baumhauslandschaften. Grundsätzlich ist zwischen zwei Baumhaustypen zu unterscheiden:

- Stelzhäuser, d. h. freistehende Konstruktionen, die an oder zwischen Bäume gestellt werden, und
- Baumhäuser ohne Bodenkontakt, bei denen der Baum die tragende Konstruktion bildet.

In beide Fällen gilt:
- Obwohl in der Regel keine Genehmigung eingeholt werden muss für Bauten, die nicht bewohnt werden, empfiehlt es sich, die örtlichen Bauvorschriften in der Planungsphase zu prüfen.

- Der Abstand zur Grundstücksgrenze sollte stets eingehalten werden.
- Es ist immer besser, den Nachbarn über solche Bauvorhaben vor Baubeginn zu informieren.

Baumhausbau ist ein Spezialgebiet, das besondere Fachkenntnisse und Geschick verlangt, nicht nur bezüglich Holzbau, sondern auch hinsichtlich des Wachstums und der Entwicklung von Bäumen. Das Ziel ist, mit den Möglichkeiten des Baumes zu arbeiten, ihn nicht zu beschädigen, weder im Stamm- und Kronen-, noch im Wurzelbereich, und sicher zu stellen, dass er weiterwachsen kann. Im Rahmen dieses Buches können nur die Hauptpunkte angesprochen werden. Wer detaillierte Informationen sucht, dem sei empfohlen, die Bücher des amerikanischen Baumhaus-Experten Pete Nelson zur Rate zu ziehen. Der Zimmerer-Meisterbetrieb

111 Frances Druce beschreibt ihre Aussichtsplattform im Garten von Copyhold Hollow in England als ein Adlernest. Errichtet zwischen zwei diagonal stehenden Eichen auf einer selbsttragenden Konstruktion, bietet es einen Überblick über ihr Reich. Das fächerartige Muster der Naturholzbalustrade ist ebenso praktisch wie zierend und wiederholt sich in der Rückenlehne der Gartensessel.

111

112 Baumhäuser müssen nicht großflächig sein. Kleinere Lösungen wie die von Bunny Guinness und Sue und Peter Farrell, eingenistet zwischen Bäumen und gebaut aus einer Mischung von Bau- und Naturholz, treffen die Stimmung und fügen sich gut in den Garten ein.

113 (rechts) Den richtigen Standort zu finden, sich vom Baum inspirieren zu lassen und das Baumhaus entsprechend zu platzieren, ohne den Baum zu beschädigen, ist das A und O beim Baumhausbau. Das doppelstöckige Baumhaus in einem belgischen Garten scheint mit dem Baum gewachsen zu sein.

114 Sara Jane Rothwell und JoanMa Roig haben den Charakter eines Hochsitzes erfasst mit diesem dreieckigen Versteck am Ende des Gartens. Balustrade, Pfosten und Dachstuhl sind aus Esskastanie, das Wellblechdach ist mit Zweigen bedeckt. Maßgebend für den Erfolg der Inszenierung ist die Bepflanzung aus Gräsern und Farnen und die Baumkulisse im Hintergrund.

112

Baumbaron mit Sitz in Tegernsee hat auch Erfahrungswerte und Fachkenntnisse auf diesem Gebiet. Sein Blog gibt wertvolle Einblicke und Tipps.

Der erste Schritt besteht darin, einen Baum auszusuchen, quasi als Gastgeber des Projekts, und sich von ihm inspirieren zu lassen. Dies ist nicht eine esoterische Angelegenheit, sondern logisch, denn die Gestalt des Baumes und seine Astgabelungen zeigen, was möglich ist. Der Baum muss kräftig und standfest sein. Weichholzbäume wie beispielsweise Birken und Pappeln kommen nicht infrage.

Die einzelnen Bestandteile eines Baumhauses sind:
- die tragende Konstruktion;
- die Plattform, das Holzdeck;
- die Brüstung;
- die Rahmenkonstruktion des Hauses inklusive Dach;
- die Außenwände;
- wahlweise auch der Innenausbau;
- eine Leiter oder ein Seil.

Einheimisches Holz wie beispielsweise Lärche ist für den Bau zu bevorzugen unter Anwendung von fachgerechtem Holzbau. Auf tropisches Holz ist zu verzichten. Naturholz kann zum Beispiel für die Brüstung oder für die

113

114

Tritte der Leiter verwendet werden, Schindeln für die Dachbedeckung. Punkte, die zu beachten sind:

- Niederschlagswasser sollte schnell abgeleitet werden, Staunässe ist zu vermeiden.
- Während des Baues muss der Wurzelbereich des Baumes vor Verdichtung geschützt werden.
- Bei der Festlegung der Höhe der Konstruktion sollten Sie Rücksicht nehmen auf nistende Vögel, Eichhörnchen und andere Bewohner des Baumes. Es wird vielerorts empfohlen, die Plattform nicht höher als drei Meter zu setzen.

Wie bei anderen größeren Arbeiten im Garten lohnt es sich auch hier, eine Skizze anzufertigen und die Arbeitsphasen genau zu planen. Seien Sie auch ehrlich in der Einschätzung ihrer handwerklichen Fähigkeiten, und fragen Sie im Zweifelsfall einen Fachmann.

115

116

117

118

119

Gartenmöbel

Egal, ob bescheiden oder prunkvoll, Sitzbänke, Tische und Stühle gehören einfach zum Garten. Früher »Garten- und Verandamöbel« genannt, sind heutzutage drei Stilrichtungen zu erkennen

- die englische: schwere und solide Eichen- oder Teakmöbel, naturbelassen oder gestrichen
- die deutsche: weiß gestrichene, leichtere Möbel, vertreten durch die Sylter und Biedermeierlinien
- die französische: Cafehausmobiliar als Metallgestell mit Holzsitzflächen und -lehnen, handlich und zusammenklappbar.

Gartenmöbel sind nicht billig, sie liegen in einer ähnlichen Preisklasse wie Holzmöbel im Innenraum. Obwohl fast alle Gartenmöbelhersteller eine Dauerausstellung in der Nähe ihrer

Werkstatt haben, werden viele Gartenmöbel über den Katalogversand erworben. Was in den Baumärkten und Gartencentern angeboten wird, ist im Allgemeinen nur ein kleiner Ausschnitt aus dem Angebot, meist in der unteren Preisklasse. Allzu oft handelt es sich um Importware von minderwertiger Qualität und begrenzter Haltbarkeit sowie eintönigem Stil. Auch wenn über den Winter im Innenraum gelagert wird, müssen die Sitzbänke, Tische und Stühle der Witterung im Freien standhalten. Große Tischflächen sind besonders empfindlich und bestehen selten aus einer durchgehenden Platte. Meist sind es Bohlen oder Bretter, die entweder mit Fugen oder in einem besonderen Verfahren zusammengefügt werden, um die natürlichen Spannungen auszugleichen.

115 (linke Seite) Englische Gartenmöbel gelten oft als schwer und massiv. Dabei wird vergessen, dass sie den Winter über im Freien stehen, witterungsbeständig sein, aber auch gut aussehen müssen wie diese Sitzbank in Barrington Court, Somerset, ausgeführt in Eiche.

116 Neben den traditionellen Gartenbänken gibt es auch neue Designs, zum Beispiel den eleganten „Court Seat" aus Eiche von Gaze Burvill.

117 John Makepeace, der englische Schreiner und Designer, hat diese schlichte Sitzbank aus drei aneinandergereihten, hochkant gelegten Eichenbrettern für seinen Garten entworfen.

118 Eigens für den Grillplatz von Andy Sturgeon entworfen, wirken die Holzbänke wie Skulpturen.

119 Baumstämme und Bretter bilden eine urige Sitzgruppe mit viel Patina in Jimi Blakes Waldgarten in Irland.

120 Eine bewegliche Sitzbank beim Château de Brécy, Frankreich: perfekt, um der Sonne oder dem Schatten nachzugehen.

121 und 125 Unikate unterscheiden sich nicht nur im Preis vom gewöhnlichen Angebot, sondern verlangen einen besonderen Platz im Garten wie diese weiße Sitzbank in der Heckennische oder die grüne Sitzbank, Abb. 125, rechte Seite.

122 Throne sind als Motiv immer wieder in Gartenbänken anzutreffen. Hier ein Zweisitzer aus Latten.

123 Dieser Tisch mit dazugehöriger Bank aus englischer Eiche im Garten von Parnham House verbindet gutes Design mit einer beispielhaften Konstruktion.

Sitzbänke werden entweder als 2-, 3- oder 4-Personen-Bänke oder nach ihrer Länge (in der Regel 1,5 und 2 m) angeboten. Welche Größe und welcher Typus gewählt werden, hängt u.a. von der gewünschten Wirkung ab. Hierzu eine aussagekräftige Stichprobe, entnommen aus dem Heft »Gartenschönheit« von 1920: „Würde wohl ein Maler auf einem Gartenbilde solche Bank gern mitmalen, oder würde er bei einem Bildnis eines Menschen im Garten ihn auf einer solchen Bank sitzend malen?" Inzwischen ist die bescheidene Gartenbank von Innenarchitekten entdeckt. Sie ist salonfähig geworden und sowohl im Wohnzimmer als auch auf der Terrasse zu finden.

124

125 126

124 Adirondack-Stühle wie dieser, gebaut von Sandro Signoroni und aufgestellt im Schaugarten am Biohof Schüpfenried, Schweiz, sind die perfekten Gartensessel.

126 Eichenbretter wurden von Brian Hendrick, einem ortsansässigen Handwerker, in Gartenmöbel verwandelt und werden nach Belieben dort hingestellt, wo die Bänke und Tische gebraucht werden in Jimi Blakes Garten Hunting Brook in Irland.

129

127

128

130

Grüner Holzbau –
eine ursprüngliche Bauweise

Früher wurde im Garten viel mit dem Material gebaut, das zur Hand war – mit Ästen und Zweigen.

Grüner Holzbau ist ein Überbegriff für das Arbeiten mit Holz direkt vom Stamm oder Ast. Aber nicht nur grünes, frisch gefälltes Holz mit seinem natürlich hohen Feuchtigkeitsgehalt, sondern auch dünne Äste und Ruten sowie dickere Stämme, die grün abgeschnitten oder gefällt und vor der Verarbeitung getrocknet werden, sind gemeint, also auch Flechtwerk (siehe Seite 93) und andere Naturholzarbeiten.

Viele neuen Impulse und Beispiele für Grünholzarbeiten stammen aus Nordamerika und England. In Europa hat das Arbeiten mit grünem Holz eine jahrhundertelange Tradition, vor allem in den Alpenländern und in Norwegen. Hier wurde grünes Holz für den Blockhausbau, für die Fertigung von Stühlen und Feldzäunen sowie für das Schäfflerhandwerk genutzt.

Kleine Wälder, Feldzwickel und große Gärten sind eine wichtige Materialquelle für Bauelemente in Garten und Landschaft. Esskastanie, Hainbuche, Haselnuss, Esche und auch Eiche wurden im Unterholz gepflegt und regelmäßig geschnitten, um möglichst lange und gerade Äste zu erhalten. So war sichergestellt, dass immer ein Vorrat an Material vorhanden war.

Das Arbeiten mit grünem Holz schafft eine enge Beziehung zwischen dem Handwerker und seinem Material. Es ist eng verknüpft mit dem Wachstumskreislauf von Pflanzen,

denn Holz, geschnitten oder gefällt zur richtigen Zeit, ist einfacher zu bearbeiten. Bei gleicher Holzart und identischer Arbeitstechnik bleibt jedes noch so bescheidene Endprodukt immer ein Unikat. Die Vorteile sind:

- Nur heimisches Holz wird verwendet
- Die Pflege von Wald und Feldhecken unterstützt den Naturhaushalt, schafft Lebensraum für Flora und Fauna und bewahrt unsere natürliche Landschaft
- Da Grünholz vor Ort oder in unmittelbarer Nähe des Fällplatzes bearbeitet wird, sind die Transportwege kurz
- Durch den Einsatz traditioneller Formen und Konstruktionen wird der ortstypische Charakter erhalten

131

127 (linke Seite) Gartentor mit Bogen aus Ästen. Die Knotenpunkte sind mit Ruten, dünnen Zweigen in Kreuzform, gebunden. Die Äste müssen unmittelbar nach dem Schneiden, solange sie noch biegsam sind, bearbeitet werden.

128 Einfache Sitzbank, aus Naturholz genagelt. Gleich starke, gerade Äste wurden für die Sitzfläche verwendet, leicht krumme und wellige für die Rückenlehne.

129 Rustikale, runde, mit Heide bedeckte Hütte mit eingebauter Halbrundbank und Rückenlehne. Alles aus Naturholz, umrahmt von Vegetation, im York Gate Garden, Yorkshire, England.

130 Doppelzaun aus Spalthölzern, gespalten im grünen Zustand nach der Fällung und in einer Art von grobem Flechtwerk als Feldzaun aufgestellt. Vornehmlich im Alpenraum anzutreffen, wo diese Zäune unterschiedliche Namen tragen.

131 Nahaufnahme von Haselruten, mit dehnbaren Plastikschnüren gebunden, als Beeteinfriedung im Nutzgarten (siehe auch Seite 54, Abb. 83).

132 Schmale, 180 cm lange Sitzbank aus zwei gespaltenen Esskastanienhölzern, beidseits in starken Rundhölzern im grünen Zustand verzapft. Ausgeführt vom High Weald Design Project, Kent, England.

133 Eine sehr einfache und ursprüngliche Version des Staketenzaunes, der fast einer Hecke gleicht. Die eng an eng gesetzten Hölzer, alle von ähnlicher Stärke, wurden einfach in die Erde gerammt und mit einem Draht zusammengehalten. Dieser Zaun ist nicht besonders haltbar, ein ausreichender Vorrat an Material ist nötig, um Ausbesserungsarbeiten schnell durchführen zu können.

- Die hergestellten Gegenstände halten (mindestens) so lange, wie neues Material braucht, um nachzuwachsen. Auf diese Weise entsteht ein natürlicher Kreislauf, in dem alles aufeinander abgestimmt ist.
- Die Beziehung zum Holz fängt im Wald an. Stamm, Kronenbildung und Blattwerk lassen erkennen, ob ein Baum gesund ist. Gesucht wird ein Stamm mit geradem Verlauf, der frei von Insekten- oder Pilzbefall und verdeckten Astansätzen ist, mit gesundem Laub und gleichmäßiger Kronenbildung.
- Die natürlichen Eigenschaften von Holz werden genutzt: Grünes Holz ist weicher, biegsamer und einfacher zu bearbeiten als trockenes Holz. Da es im Faserverlauf nicht gegen die Fasern gespalten wird, ist das Holz stärker und nimmt weniger Feuchtigkeit auf. Der Zeitpunkt und das Ausmaß des Quellens und Schwindens werden beim Arbeiten zum Vorteil genutzt.

132

- Die oftmals verhältnismäßig kurze Lebensdauer von Grünholzarbeiten wird akzeptiert. Die Teile lassen sich problemlos in den Naturkreislauf wieder einfügen, da sie nicht mit chemischen Holzschutzmitteln behandelt sind.

133

Naturholzzäune für den Garten und das Feld

Naturholzzäune sind eng mit der Landschaft verbunden, denn örtlich wachsende Gehölze werden nach einfachsten Konstruktionsprinzipien verarbeitet. Feld-, Forst-, Garten- und Wildzäune sind typische Einsatzbereiche für Naturholz.

Staketen-, Hanichlzaun

Der Urtyp des heutigen Staketenzaunes und Vorläufer des Lattenzaunes (Stakete = österreichisch für Latte) wird in einer Vielzahl von Variationen angetroffen. So werden die Staketen mal im gleichen Abstand, aber mit unterschiedlichen Längen angeordnet, oder sie werden im unteren Bereich enger gesetzt, um zu verhindern, dass kleinere Tieren eindringen. Die Staketen sind Vollstämmchen, hauptsächlich aus Fichte, zwischen 3 und 5 cm stark. Es werden möglichst Stämme gleicher Abmessung in einem Zaun verwendet. Die circa 110 cm hohen Zäune schützten früher oftmals den Bauerngarten, wobei das Gartentor so geschickt integriert war, dass es kaum auffiel.

Nagel-, Stangen- oder Koppelzaun

Im Alpenland wird eine auch als Ringzaun benannte Variante des Koppelzaunes vorgefunden: Ganze Stämme werden waagerecht zwischen Pfosten, entweder auf durchgesteckte dünnere Hölzer gelegt oder mit Holznägeln befestigt und oben mit einem einfachen Ring aus dünnen Ästen (Fichten) gebunden. Die Fichtenäste werden im Frühling – Ende März bis Anfang April – wenn der Saft in den Bäumen wieder aufsteigt, gehackt. Die dünnen Äste werden gesäubert, über einem Feuer erwärmt und im heißen Zustand zu einem Ring gedreht.

134 Die Naturholzstaketen wurden unten enger gesetzt, um einen besseren Schutz vor Tieren zu ermöglichen.

135 und 136
Ein Ring aus dünnen Fichtenästen hält die Pfosten des Koppelzaunes zusammen. Dieses Detail mag einfach sein, ist aber wie die gesamte Konstruktion ausgedacht unter Verwendung von einfachstem Material und Werkzeug.

137 Der Eichenspaltzaun um den Nutzgarten im RHS Rosemoor Garden, England, zeugt vom Verständnis für Material und Handwerk. Die Latten sind an Querhölzern angebracht, der Kontakt zum Boden ist minimiert, wodurch der Zaun länger hält.

138, 139 und 140 Unterschiedliche diagonale Spaltzäune, wie sie in Alpenregionen zu finden sind. Aufgrund des direkten Bodenkontakts sind die Zäune anfällig für Fäulnis und haben dadurch eine beschränkte Lebensdauer. Kein Problem, wenn ausreichend Holz vorhanden ist.

Spalt- oder Speltzaun

Ein sehr gutes Beispiel für die praktische Nutzung von grünem Holz im Garten ist der Spalt- oder Speltzaun. Braucht man Material, so fällt man junge Eichenbäume, Esskastanie (Castanea sativa) oder Lärche im Unterholz, entastet und spaltet sie vor Ort mit Beil und Keil. Auf diese Art bleiben die Holzfasern unverletzt und sind widerstandsfähiger gegen Fäulnis. Die Stärken der gespaltenen Hölzer sind gleichmäßig, die Längen und Breiten wie auch die Ränder meist unterschiedlich. Die zwischen 10 - 15 cm breiten Hölzer werden entweder wie Latten an Querhölzern und Pfosten angebracht oder einfach diagonal in das Erdreich gerammt. Im

Alpen- und Voralpengebiet begann man mit der Zaunarbeit, sobald der Boden im Tal frostfrei war.

Doppelzaun

Doppelzaun, u.a. auch Girschten- oder Schrankzaun benannt, ist eine Abwandlung des Spaltzaunes. Im Prinzip besteht er aus schräggesteckten Hölzern, verstärkt durch gegenläufige Hölzer, verteilt und durchgesteckt in regelmäßigen Abständen.

Lebende Holzzäune

Feldhecken können, was ihre An-
pflanzung und Pflege betrifft, ebenso arbeitsaufwendig sein wie der Bau
und Unterhalt eines Holzzaunes. Die
Pflege der Feldhecken liefert auch
Material für den Naturholzbau.

Auf den Stock gesetzte Feldhecken

Um die Dichte am Fuß der Hecken
beizubehalten, wird diese Art von
Feldhecken regelmäßig auf den Stock
gesetzt (d.h. die Hauptäste bis etwa
Bodenniveau abgesägt). Diese Arbeit
wird je nach Wachstum etwa in einem 10-Jahres-Rhythmus im Winter
durchgeführt. Die Äste werden gesäubert und seitliche Äste, die eventuell
zum Flechten oder als Pfählchen verwendet werden können, geschnitten.
Die langen, geraden Äste, geeignet
zum Zaunbau, legt man beiseite. Die
Hauptäste werden bis auf den Stock,
das heißt etwas über Bodenniveau,
abgesägt, um den Austrieb zu fördern. Weiden (für die Gewinnung der
langen geraden Ruten zum Korbflech-
ten), Haseln und Hainbuche können

alle auf diese Weise geschnitten werden. Die Form der ausgewachsenen
Hecke ist nach dem Schnitt besenför-
mig und breit.

Knick-Hecken

Zusätzlich zum ein- oder zweijähri-
gen Schnitt werden die schmalen 1
bis 1,5 m hohen Feldhecken u.a. aus
Haselnuss, Rot- und Weißdorn oder
Ahorn etwa im 7 bis 10 Jahresrhyth-
mus gestutzt. Die Äste werden etwa
50 cm über Bodenniveau angeschnitten, längs in die Hecke „geknickt"
und gelegt. Pfähle können in die Hecke geschlagen werden, um ihr mehr
Halt zu geben. Die dünnen Äste lassen sich in die Hecke flechten, um
mehr Dichte vorzutäuschen, bis die
Hecken treiben. Bei dieser Hecke ist
es üblich, einzelne ausgesuchte Pflanzen wie Ahorn, Esche und Eiche in
bestimmten Abständen nicht zu fällen, sondern sie als Baum entwickeln
zu lassen. Diese Methode wird euro-
paweit zur Instandhaltung von Feldhecken eingesetzt.

141 Frisch gelegte Knickhecke, Stourhead, England.
Die Hasel und Eschen wur-
den in einer Richtung gelegt
und bilden ein Dickicht, aus
dem im Frühling Neuwuchs
treibt.

142 Ein lebender Zaun;
Knickhecke bei Ybbsitz,
Niederösterreich kurz nach
dem Schnitt. Die abgeschnit-
tenen, geraden Haseläste
werden in die Lücken der
Hecke geflochten.

Naturholz: die Kunst der Verzierung

Die Romantisierung von Naturholzarbeit im 19. Jahrhundert führte dazu, dass auch heute noch solche Stücke eine Sonderstellung im Garten einnehmen. Verschnörkelt und dekorativ, wurden und werden sie wegen ihres oftmals pittoresken Aussehens geschätzt.

Zwar sind auch beim Arbeiten mit Naturholz einige handwerkliche Fähigkeiten erforderlich, entscheidend für gutes Gelingen sind jedoch ein Auge für Details und ein kunstfertiger Umgang mit dem Material. Präzision spielt meist keine große Rolle, die Stücke leben vielmehr durch ihre spontane, fast zufällig natürliche Erscheinung.

Verwendet werden:

- Äste und Stämme, geschält oder mit Rinde, lediglich in entsprechende Längen gesägt
- Borkenrinde, bevorzugt markante und bunte Rinden wie Birke oder Kirsche, am Ast belassen oder geschält
- Tannen- und Pinienzapfen in allen Größen zur Verzierung
- Stroh, Heide oder Moos für Dacheindeckungen und Füllen von Zwischenräumen
- Bearbeitetes Material, wie Holzschindeln, für Dächer und Wandverkleidung sowie gespaltene Eichenbretter zur Wandverkleidung.

143 Naturholzsitzbank im gotischen Stil, Dunham Massey, England.

144 Wurzelstöcke auf Kopf gesetzter Eichen werden in England gerne als Kulissen und Pflanznischen für Farne verwendet wie hier in Ickworth, Suffolk.

145 An Äste genagelte Tannen- und Pinienzapfen aller Größen werden zur Verzierung eingesetzt, am besten nach Größen vorsortiert.

146 Sommerhaus im Naturholzstil, Trelissick Garten, England.

Holzarten

Prinzipiell ist jedes Holz verwendbar, auch das dünnste und kleinste Stück. In der Praxis sind jedoch manche Hölzer besser geeignet als andere:

- Lärche ist sehr dauerhaft, die starken Stämme eignen sich gut als Stützen, die Äste für Zäune und die dünnen Äste als Füllmaterial.
- Fichte ist ein beliebtes Material für Stützen und trotz der im Vergleich zu Lärche geringen Lebensdauer das meist eingesetzte Holz.
- Eiche ist ein Hartholz und kann mit oder ohne ihre graue, tief eingekerbte Rinde verarbeitet werden. Die dünneren Eichenäste bestehen hauptsächlich aus Splintholz und vergrauen schnell. Gespaltene Eichenbretter ergeben eine gute, dauerhafte Verkleidung.
- Hainbuche mit Rinde ist ein heimischer Splintholzbaum von großer Elastizität und gut für Einfriedungen, Brüstungen und die Verkleidung kleiner Bauten geeignet
- Alle Birkenarten werden trotz geringerer Lebensdauer gerne wegen der markanten Rinde verarbeitet.
- Hasel mit Rinde ist zäh, aber biegsam; geeignet für Einfriedungen und Mobiliar, die kleinen, dünnen Äste sind ideal für Mosaikarbeiten.
- Biegsame Weidenruten werden für Flechtarbeit und Sitzmöbel eingesetzt.

147 Ein Blick ins rustikale, pittoreske Gartenhaus im Garten von Woolbeding, England, vermittelt einen Eindruck von der aufwendigen Verkleidung des Innenraumes, wo jedes Holz einzeln ausgesucht und wie zu einem Mosaik gelegt wurde. Die kunstvolle Gestaltung ist auch an weiteren Details zu sehen, so an den Beinen der umlaufenden Sitzbank und der Kiespflasterung.

Ein umfangreicher Materialvorrat ist zur Ausführung größerer Arbeiten notwendig, denn nicht jedes Stück Holz hat die Form, die gerade benötigt wird. Etwas Sammelleidenschaft wird deshalb beim Arbeiten mit Naturholz vorausgesetzt.

Nicht nur das Material, sondern auch das Werkzeug – hauptsächlich Hammer, Säge, Hecken- und Gartenschere, Zange, Schneidemesser – und die Bauweise sind einfach. Unter Anwendung einfachster Konstruktionstechniken werden die Teile zusammengenagelt, gebunden oder verzapft. Lediglich umfangreichere Strukturen, wie z.B. Schlechtwetterunterkünfte, sind konstruktiv aufwendiger errichtet. Für Konstruktionsteile sind gerade Äste mit etwa gleich starkem Durchmesser geeignet, die sich nicht zu sehr verjüngen.

Ornamentale Naturholzzäune

Die ornamentale Version der zweckmäßigen, bäuerlichen Einfriedungen hat einen rein dekorativen Zweck. Nie als schützende Barriere gedacht, stand die schmückende Wirkung dieser Zäune, drapiert mit Kletterrosen oder Schlingpflanzen, im Vordergrund. Die Zaunfelder mit ihrem Rahmen, auf dem die gebogenen Ruten oder Kleinholz mit Draht und Nägeln fixiert sind, werden auf einer waagerechten Fläche zusammengebaut und anschließend vor Ort an den Pfosten angebracht.

Vor Baubeginn empfiehlt sich, die Teile maßstabsgerecht aufzuzeichnen. Nagelverbindungen sind manchmal nicht ausreichend, sie können durch Draht verstärkt werden oder auch durch einfache Holzverbindungen wie Überplatten oder Zapfen, wenn es die Dicke der zu verbindenden Holzteile erlaubt.

Schwächeres, dünnes Holz wird für Füllflächen verwendet, stärker dimensioniertes für Konstruktionsteile wie Pfosten und Querstangen.

Holzruten sind nicht zur langen Lagerung geeignet. Holz, das gebogen wird, Hasel, Hainbuche, Weide und Hartriegel sollte am besten innerhalb von 24 Stunden nach dem Schneiden bearbeitet werden, solange es noch biegsam und nicht getrocknet ist. Wie bei allem Frischholz ist mit Schwund während des Trockenvorganges zu rechnen, d.h. Verbindungen können sich lockern und sind nachzuarbeiten.

148 Die Variation an Gestaltungsformen von ornamentalen Naturholzzäunen ist kaum auszuschöpfen. Primär aus Hasel- oder Birkenholz, wurden die Zäune auf einfachste Art zusammengenagelt. Die Anbringung der Nägel erfolgt mittig, oder wie abgebildet, seitlich (unten links).

rechts unten:
Bei hochwertiger Arbeit wurden Zimmermannsverbindungen benutzt: oben eingekerbt, unten eine einfache Überblattung, auch Kreuzblatt genannt. Diese Verbindungen setzen jedoch eine gewisse Holzstärke voraus.

Bildnachweis: Abb. aus „Making Twig Furniture". Abby Ruoff, 1991, Vancouver, BC, Hartley & Marks Publishers

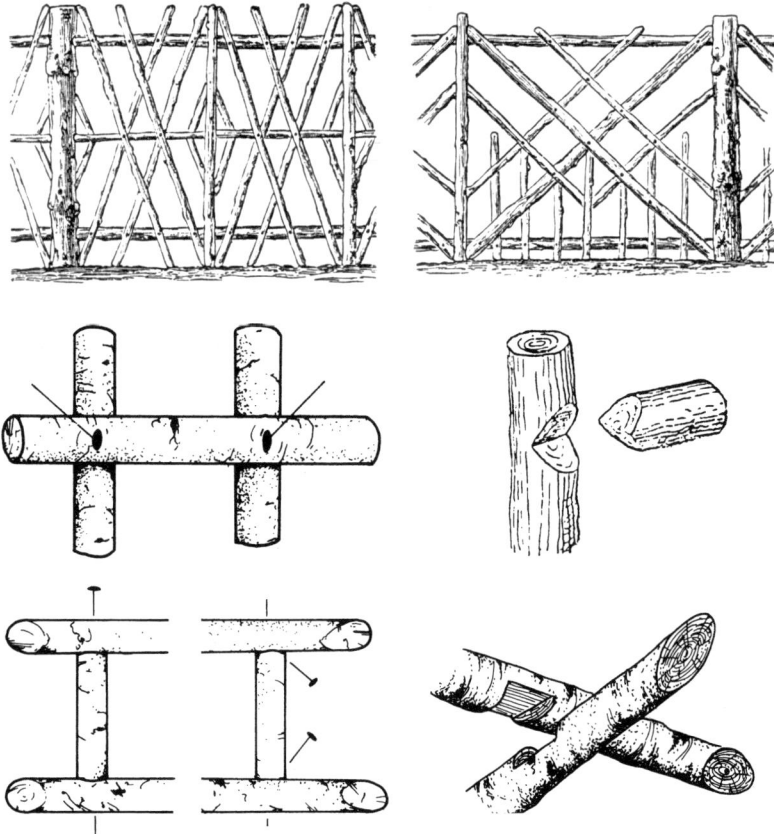

Bauanleitung: Gartentor aus Naturholz

Diese Anleitung, entnommen aus der „Anleitung zu Arbeiten aus Astwerk & Stangenholz", Widmayer´s Verlag, München, 1909, gibt keine genauen Holzstärken und Abmessungen vor. Angenommen werden hier Holzstärken von 2,5 bis 3 cm für den Rahmen und die senkrechten Stangen, 2 cm für die Verstrebung, die Pfosten sind etwa 10 cm stark.
Alle Verbindungsstellen sind genagelt.

- 4 Rundholzstücke (je 80 cm lang) zu einem Rahmen bauen, wobei jeweils 5 cm an den Ecken überstehen
- 3 senkrechte Stangen, die mittlere Stange 100 cm, die beiden seitlichen 90 cm lang, in gleichmäßigen Abständen an den Rahmen nageln.

- Verstrebungssprosse auf der Rückseite anbringen mit 4 schrägen Teilen und einer Mittelsprosse.
- Türpfosten einsetzen, Türchen mit Angeln einhängen, Schubriegel oder Schlagschloss anschrauben.

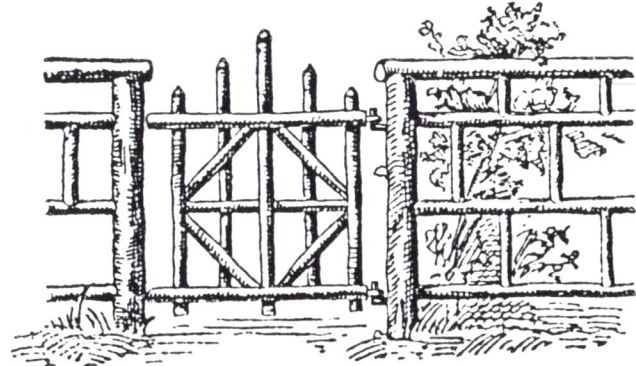

149 Das Gartentor aus „Astwerk & Stangenholz", wie in den Anleitungen vorgeschlagen.

150 Eine Abwandlung des Gartentors mit Zaun, hergestellt aus Haselästen in einem Cottage-Garten in England.

150

151 und 152 Kunst oder Natur? Eine Treibholzsitzbank mit passenden, trockenheits-
verträglichen Stauden im Kiesgarten von Yeo Valley Organic Garden, England. Der
Künstlername war leider nicht auffindbar.

Ein Weidensessel für den Garten – eine Bauanleitung

Stühle mit gebogenen Rücken aus Weidenruten, entwickelt im 19. Jahrhundert, sind typisch für das Adirondackgebirge, New York State, USA. Inzwischen ist diese Stuhlform weit über die Landesgrenzen verbreitet. Ursprünglich wurde der Stuhl als schnell zu fertigende und preiswerte Sitzgelegenheit für drinnen wie draußen von örtlichen Handwerkern gebaut.

Grüne Weidenruten werden frisch geschnitten und verarbeitet. Je nach Geschicklichkeit dauert der Zusammenbau ein bis zwei Tage.

Die nachfolgende Anleitung ist übernommen von: Anne Roberts und Don Cochrane, Feir Mill Enterprises, Kanada. In ihrer Werkstatt fertigen sie Gartenmobiliar und unterrichten enthusiastische Heimwerker. Die Abbildungen sind während der Unterrichtswochenenden entstanden.

Fertige Maße:
Sitzhöhe: 45-55 cm
Sitzfläche: 45 × 45 cm
Gesamthöhe: ca. 100 bis 115 cm

Wie bei jeder Einzelanfertigung sind die nachfolgend genannten Maße Richtwerte. Der Stuhl kann nach individuellen Maßen gebaut werden; wichtig ist nur, dass die Proportionen stimmen.

Material
Grüne Weidenruten verschiedener Durchmesser, 30 bis 35 Stangen pro Stuhl

Gestell
Hintere Stuhlbeine: 2 Stück, Durchmesser 5 bis 6 cm, Länge 70 bis 75 cm
Vordere Stuhlbeine: 2 Stück, Durchmesser 5 bis 6 cm, Länge 40 cm

Streben: 13 Stück, Durchmesser 2,5 bis 3 cm, Länge ca. 60 cm

Lehnen und Sitzfläche
Kopflehne: 1 Stück, Durchmesser 2,5 bis 3 cm, Länge 145 bis 175 cm
Abstandshalter (hinten): 1 Stück, Durchmesser 5 bis 6 cm, Länge 60 cm
Armlehne: ca. 6 bis 8 Ruten, 1,5 bis 2 cm stark, Länge 175 cm
Rückenlehne: 4 Ruten, 1,5 bis 2 cm stark, Länge 200 cm
Sitz und Rückenfläche: 10-12 Ruten, 1,5 bis 2 cm stark, gleichmäßige Abstände Mitte zu Mitte (ca. 3,5 cm), Länge 145 cm
Nagelschrauben: 100 mm lang (Rückenleiste)
Nagelschrauben: 60-70 mm lang (Rahmen)
Drahtnägel: 25-35 mm lang (zur Befestigung der Ruten)

Tipps zur Ausführung
- Am besten im Freien arbeiten, nicht in einem beheizten Raum
- Beste Zeit für die Ausführung: Mai bis Oktober.
- Der Stuhl kann auf einer einfachen Tischfläche zusammengebaut werden, an der Tischkante wird geprüft, ob Lehne und Beine senkrecht angebracht sind.
- Vor dem Anbringen die Abstände für die Ruten am Rahmenteil markieren.
- Weidenruten vorbereiten, über das Knie biegen und in Form bringen.

Werkzeug
Hammer, Hecken- und Gartenschere, Handsäge, Hobel, Raspel, Säge

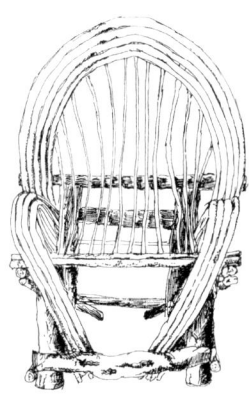

153 Weidensessel

Entwurf und Ausführung:
Anne Roberts und Don Cochrane, Feir Mill Co. RR #3, Ouemee, Ontario KOL 2WO, Kanada

Ausführung

1. Frisch geschnittenes Material sortieren und in entsprechende Längen sägen bzw. schneiden.
2. Rinde am Ende der Stuhlbeine mit einer Raspel entfernen.
3. und 4. Zuerst die Seitenteile bauen. Dazu Stuhlbeine paarweise, jeweils ein vorderes und hinteres, auslegen und Lage der seitlichen Querstreben messen und markieren:
   - untere Strebe ca. 7 cm von unten
   - obere Strebe ca. 2,5 cm vom oberen Ende des vorderen Stuhlbeins

   Anschließend die Streben mit einem Nagel beidseitig vorläufig befestigen. Vorgang für das andere Stuhlbeinpaar wiederholen.
5. Die beiden Stuhlbeinpaare aufeinander legen und prüfen, ob sie gleich sind.

6. und 7. *Stuhlseitenteile verbinden:* Die unteren Streben wie abgebildet anbringen. Vorne beginnen und sicherstellen, dass die Beine senkrecht sind, dann die rückwärtigen Streben anbringen. Dabei das Gestell so drehen, dass das Rückenteil nach vorne zeigt. Nun entscheiden, ob die hinteren Beine parallel verlaufen, oder leicht schräg nach außen zeigen sollen. Die obere hintere Strebe entsprechend auf die herausstehende seitliche Strebe legen und befestigen, ebenso die untere Strebe.
8. Den Stuhl symmetrisch ausrichten, noch ist er beweglich.
9. *Seitliche diagonale Versteifungsstreben anbringen:* Von der unteren hinteren Strebe bis unterhalb der oberen seitlichen Strebe, die Versteifungsstrebe jeweils vorne und hinten annageln.
   Vorgang auf der anderen Sei-

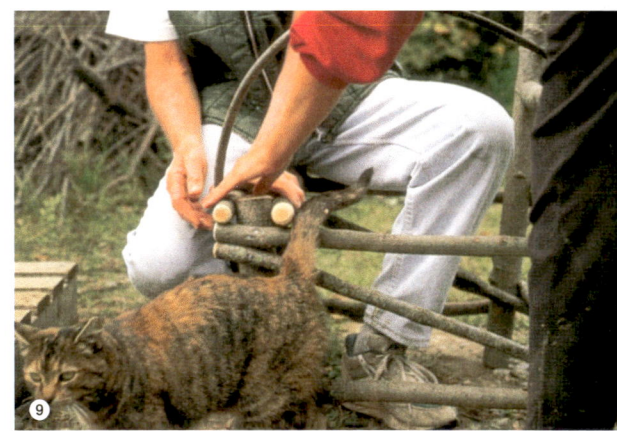

te wiederholen: Gestell nochmals überprüfen und alle Verbindungen doppelt ausführen.

Grundlage für die Sitzfläche: Die vordere Sitzstrebe auf den seitlichen Streben und hinter den vorderen Beinen anbringen. Die zweite Sitz-Strebe ebenfalls auf den seitlichen Streben ca. 35 cm hinter der ersten befestigen.

10. *Gestell für die Rückenlehne bauen:* Den Abstand zwischen den hinteren Beinen ca. 23 cm oberhalb der oberen hinteren Strebe messen. Entsprechenden Abstandshalter zuschneiden und mit 100 mm-Nägeln beidseitig befestigen. Obere Strebe (Kopfstütz-Strebe) auf die hinteren Beine legen, Überstand gleichmäßig ausrichten und mit 100 mm-Nägeln befestigen. Der Rahmen ist nun bis auf die Anbringung des verbleibenden Strebenteils fertig. Jetzt fängt die

Arbeit mit den Weidenruten an. Damit die Ruten beim Anbringen nicht brechen, werden sie zuerst über das Knie gebogen, bevor sie mit 25 bis 35 mm-Nägeln am Rahmen befestigt werden.

Armlehnen: Erste Rute zwischen der unteren vorderen Strebe biegen, in gebogener Form nach hinten führen und an der oberen Strebe des Stuhlrahmens festnageln. Feststellen, ob die Form richtig ist, dann vorne befestigen. 4 bis 6 weitere Ruten in der gleichen Art von innen nach außen führen, bis eine breite Armlehne entsteht. In 10 bis 15 cm Abständen die Ruten mit 10 bis 15 mm-Nägeln verbinden. Vorgang an der anderen Seite wiederholen.

Rückenlehne: Die längste Rute hinter der Armlehne, an der oberen Kopfleiste angefangen, so biegen, dass sie an der anderen Sei-

te auf gleicher Höhe ankommt. An dieser Stelle festnageln. Höhe und Form überprüfen. Ein gutes Maß sind 100 bis 115 cm, vom Boden gemessen. Weitere Ruten der Form nach biegen und befestigen, wobei immer das stärkere und schwächere Ende der Rute abwechselnd anzubringen ist. Ruten wie bei der Armlehne miteinander verbinden.

11. *Sitzfläche und Rückenlehne:* Die übriggebliebene Strebe vor den vorderen Stuhlbeinen auf der oberen Strebe (direkt hinter der vorderen Armlehne) anbringen. An diese werden die Ruten für die Sitzfläche herangeführt. Anschließend 10 bis 11 gleichstarke Ruten vorbereiten, Enden sauber sägen, Unebenheiten soweit wie möglich entfernen. Beginnend in der Mitte eine Rute hinter die Kopflehne und über die Kopfleiste führen. Weiter der Sitzform entsprechend bis an die soeben angebrachte Leiste biegen. Diese mittige Rute befestigen und jeweils 4 bis 5 Ruten an jeder Seite gleichmäßig verteilen. An Kopfleiste, Rückenleiste und vorderer Leiste befestigen. Überstehende Ruten oben und unten gleichmäßig abschneiden. Der Stuhl ist jetzt fertig.

Wird der Stuhl mit gekochtem Leinöl und Terpentin gestrichen und anschließend mit Bienenwachs behandelt, nimmt er einen burgunderroten Farbton an.

Flechtwerk im Garten

Trotz seines frühen Ursprungs ist Flechtwerk im Garten heute viel zu wenig verbreitet. Dort aber, wo die geflochtenen Zäune, Gerüste, Lauben oder geflochtenes Gartenmobiliar anzutreffen sind, vermögen sie ein unscheinbares Stück Erde in etwas Besonderes zu verwandeln. Ob im Einklang mit den naturnahen Gärten oder im Kontrast zu den präzisen Konturen des minimalistischen Gartenstils, Flechtwerk und andere Naturholzarbeiten tragen durch ihre individuelle handwerkliche Verarbeitung zur Lebendigkeit bei.
Während Naturholzarbeit eher eine Stilrichtung bezeichnet, ist Flechten eine Handwerkstechnik, die Wissen und langjährige Praxis voraussetzt.

Die Kunst des Flechtens

Flechten ist die einfachste Methode, lange biegsame Teile wie dünne Äste, Ruten oder Ähnliches stabil miteinander zu verbinden. Das „Weben von Holz" ist dabei nur eine Verbindungstechnik, Knoten und Wickeln sind weitere. Flechten übt eine magische Anziehungskraft aus, und kaum jemand kann widerstehen, selbst mit Hand anzulegen. Was beim ersten Anblick einfach und selbstverständlich aussieht, täuscht über den eigentlichen Schwierigkeitsgrad hinweg. Erst wer es selbst einmal ausprobiert hat, weiß die Arbeit eines Korbflechters richtig einzuschätzen. Es ist eine harte Arbeit, die Kraft, Ausdauer und Fingerspitzengefühl verlangt und nicht im warmen Stübchen, sondern in kühlen Hallen ausgeführt wird. Der Korbflechter, so heißt es, hört nie auf, sein Handwerk zu erlernen, so umfangreich ist sein Fachgebiet. Die Möglichkeiten künstlerischen Aus-

drucks auf der Grundlage handwerklicher Techniken sind enorm. Jedes Objekt ist ein Unikat. Dafür ist erstaunlich wenig Werkzeug nötig, die Hand ist das Wichtigste.

Flechtwerk im Garten lässt sich einteilen in:
• klassisches Flechtwerk, ausgeführt mit nichtlebendem Holz,
• Pflanzen und Flechten mit lebendem Holz. Hier schlagen die Ruten Wurzeln und werden zu lebenden Strukturen, ähnlich Heckenpflanzen.

Ob lebendes oder nichtlebendes Arbeitsmaterial – bei beiden ist der Flechtvorgang die letzte Arbeitsphase, für die eine sorgfältige Vorbereitung des Materials Voraussetzung ist. Nachteil von Flechtwerk im Freien ist (verglichen mit Harthölzern) die beschränkte Lebensdauer. Dies ist aber kein Grund, davon abzuraten, denn fachgerecht ausgeführt, kann Flechtwerk Jahrzehnte und nicht nur einige Jahre haltbar sein. Lebendes Flecht-

154 Das einfachste Geflecht von eins über, eins unter wird für viele Flechtarbeiten im Freien eingesetzt.

155

155 Verwaiste Flechthütte, in langsamer Auflösung befindlich. Flechtwerk im Garten hat eine relativ beschränkte Lebensdauer, ist dafür aber preisgünstiger als Hartholz oder Metall. Der Verfall ist auch Teil des Charmes. Flechtwerke passen gut in ländliche und naturnahe Gärten.

156 Knoten und Wickeln gehören zu den Flechttechniken; einfache, zweckmäßige Methoden, Teile stabil miteinander zu verbinden.

werk erfüllt seinen Zweck noch länger, vorausgesetzt, es wird regelmäßig gepflegt.

Flechtmaterial ist preisgünstig vorsortiert im Handel erhältlich, kann aber auch im Garten angebaut werden (siehe Seite 108 ff), wo es schnell wächst. Geflochtene Objekte zeigen deutlich ihren handwerklichen Ursprung und fügen sich besonders gut in eine ländliche Umgebung ein. Zu viel Flechtwerk im Garten wirkt allerdings leicht überwältigend und museal.

Flechtmaterial

Zum Flechten geeignet sind:
• Vollholz, je nach Dicke und Alter als Ruten, Gerten, Stock und Stab
• Späne, d.h. dünne, breite Holzstreifen, entweder aus Holz geschält, mit denen z.B. Horden und Zaunelemente geflochten werden, oder in lange Streifen geteilte Rinde für Sitzflächen und Verzierungen.

157
Mit Flechtwerk verstärkter Staketenzaun, wie in vielen Bauerngärten üblich.

Bei der heimischen Ware steht **Weide** an erster Stelle. Aus Hunderten von Weidensorten und -arten (lateinisch *Salix*) werden u.a. folgende Arten in Weidengärten angebaut:
- *Salix alba vitellina*
- *Salix americana*
- *Salix amygdalina triandra*
- *Salix caprea*
- *Salix dasyclados*
- *Salix purpurea*
- *Salix triandra* »Black Maul«
  (nur in England angepflanzt)
- *Salix viminalis.*

Hasel, *Corylus avellana,* wird als Unterholz kultiviert. Die langen, geraden Ruten sind dauerhafter als Weiden, werden aber nur für Zäune und als Stützen für Pflanzgerüste sowie für Naturholzarbeiten verwendet. Vereinzelt werden auch andere Hecken- oder Unterholzpflanzen wie Hartriegel, *Cornus sp.,* und Faulbaum, *Rhamnus frangula,* eingesetzt. Edelkastanien, *Castanea silvatica,* wie auch Ahorn liefern gute Spänestreifen zum Flechten.

156

157

Von den importierten Waren kommen nur wenige für eine Verwendung im Freien in Frage. Lediglich Bambus, die Weide des Fernen Ostens, wird in seiner Heimat im Bau, für Alltagsgeräte und im Garten eingesetzt. Hierzulande wirkt Bambus wegen seiner exotischen Wirkung am besten in Gärten, die im asiatischen Stil angelegt sind.

Palmrohr, Rattan *(Calamus rotang)* ist in verschiedenen Arten und Güteklassen hauptsächlich als Importware aus Asien erhältlich. Rattan ist eine wildwachsende tropische Kletterpalme, die Längen bis 150 m und Stärken bis 100 mm erreicht. Sie braucht Stützpflanzen zum Wachsen und wird alle 10 bis 15 Jahre geerntet. Verwendet wird es u.a. für den Möbelbau und vereinzelt im Garten als Material für Lauben. Nicht dauerhaft im Freien, kann aber als Skelett für ein späteres lebendes Bauwerk dienen (s. Seite 100 ff).

Im Weidengarten

Viele Korbflechter kultivieren ihre eigenen Weidenbeete. Das Anlegen eines Weidenbeetes ist von Ort zu Ort, je nach klimatischen Bedingungen, leicht unterschiedlich. Im Frühjahr werden Stecklinge von 15 bis 25 cm Länge im vorbereiteten Weidenbeet mit der Knospe nach oben in Abständen von etwa 30 cm gepflanzt. In Somerset, England, meinem Wohnort, grasen in einer interessanten Symbiose zwischen Pflanze und Tier Kühe über das frisch gepflanzte Feld, wobei nicht nur das Unkraut, sondern auch der frische Austrieb gefressen wird. Denn erst nach dem letzten Frost, in Somerset nach dem 24. Mai, dürfen die Weiden ausschlagen.

Im ersten Jahr schlägt der Steckling Wurzeln und wächst etwa 40 cm. Während z.B. in Oberfranken die Weide immer in der Saftruhe im Herbst geschnitten wird, um das Rutenwachstum für das darauffolgende

158 Flechtwerklaube, ausgeführt vom damaligen Lehrer Georg Oester und Schülern, Staatliche Berufsfachschule für Flechtwerkgestaltung, Lichtenfels.

158

159

160

159 Weidenbündel in der Werkstatt.

160 Weidenruten von rechts nach links: unbehandelt mit Rinde; behandelt, aber nicht geschält; geschält, natürlich verfärbt und weiße Flechtweide.

161 Geflochtene Bögen sind als Fertigelemente zu kaufen. Sie besitzen auch ohne Pflanzenberankungen eine eigene Ästhetik.

161

Jahr zu fördern, erfolgt die Schnitteinteilung in Somerset etwas anders. Hier wachsen die Weiden im zweiten Jahr zu faustgroßen, geraden Stöcken, die zwar für Horden und Korbkanten geeignet sind, nicht aber für feine Flechtarbeit. Im dritten Jahr wird die Weide geköpft, und die langen, geraden Ruten können im vierten Jahr geerntet werden. Die Weiden ergeben Flechtmaterial für 35 bis 40 Jahre. Im November, wenn das Laub gefallen ist, werden sie maschinell geschnitten, in großen, offenen Boxen in die Halle transportiert und in Bündeln sortiert. Um die Rinde aufzuweichen und die Weiden auf natürliche Art zu färben, werden die Ruten in einem Metallbottich gekocht und zwar

- 10 Stunden lang, um braune, rostfarbene Weidenruten zu erhalten, gefärbt durch die natürlich vorhandene Gerbsäure
- 1 1/2 Stunden in einem Bottich mit frischem Wasser, um helle Weiden zu erhalten; das ist lang genug, um die Rinde zu lösen, aber zu kurz, um das Holz dunkel zu färben. Eine andere Methode, helles, weißes Flechtmaterial zu erzeugen, besteht darin, die Weiden Anfang April in 10 bis 15 cm tiefes Wasser zu setzen, treiben zu lassen und sie Mitte bis Ende Mai zu schälen.

Nach dem Färben werden die Ruten geschält, was früher von Frauen per Hand in Heimarbeit geleistet wurde, heute in großem Maßstab aber mit speziellen Schälmaschinen erfolgt. Danach werden die Ruten je nach Witterung 1 $\frac{1}{2}$ bis 2 Tage in der Sonne getrocknet (manchmal auch in der Trockenkammer), gebündelt und mindestens 1 Jahr lang gelagert.

Vor ihrer Verarbeitung zu Körben werden die Ruten eine Nacht lang gewässert, dann abgedeckt und verarbeitet, wenn sie nicht mehr triefnass sind, sondern feucht, kühl und süßriechend. Es wird immer nur so viel Flechtmaterial vorbereitet, wie an einem Tag gebraucht wird. Um Pilzbefall zu vermeiden, ist es wichtig, dass die Weidenruten nicht warm werden.

Flechtarten

Unter den vielen Flechtarten sind nur wenige einfache Prinzipien für den Einsatz im Freien geeignet:

Zäunegeflecht: über 1 unter 1. Ein dichtes Geflecht, geeignet für lebendes und nichtlebendes Flechtwerk.

Diagonales Siebgeflecht (Jägerzaun): über 1 unter 1. Für lebendes Flechtwerk geeignet. Ein lockeres Geflecht, in dem die Ruten sich in Rautenform kreuzen. Sie werden in der gewünschten Höhe des Zaunes am Kreuzungspunkt mit Schienen oder dünnen Weiden gebunden.

Siebgeflecht: über 1 unter 1. Die äußeren Lagen des Quadrates werden gebunden. Geeignet für Kletterkuppeln.

Sechseckgeflecht: über 1 unter 1 in drei Richtungen. Die äußeren Lagen des Sechsecks werden gebunden. Geeignet für Kletterkuppeln.

Flechtzäune

Entstanden aus dem mittelalterlichen Hag, einer Art Feldhecke, in der die Äste ineinandergeflochten wurden, war das Zaungeflecht als Einfriedung um Bauerngärten weitverbreitet. Der an Ort und Stelle aus frisch geschnittenen, oft ungeschälten Weiden- oder Haselruten oder auch aus Holzspänen geflochtene Zaun war allerdings von beschränkter Stabilität und Lebensdauer. Jede Region hatte ihr eigenes Flechtmuster – dicht, luftig, bis hin zu Fischgrätmuster. Der Wunsch nach einer stabileren, dauerhaften und weniger rustikalen Einfriedung ließ den Flechtzaun verschwinden. Bis vor wenigen Jahren waren Beispiele ausschließlich in Freiluftmuseen anzutreffen und auf alten Stichen festgehalten. Heute werden diese Zäune in ländlichen oder naturnahen Gärten wieder zunehmend beliebter.

Der Einbau lebender Flechtzäune zur Hangsicherung in steilen Lagen oder an gefährdeten Uferböschungen wurde früh als nutzbringend erkannt. Das Wurzelwerk befestigt den Hang, schafft Schutz vor Erosion, das Laub verdeckt das Flechtwerk und fügt sich gut in die Natur ein.

Horden

Eng verwandt mit dem Flechtzaun, wurden diese temporären, beweglichen Zaunelemente früher hauptsächlich für die Schafhaltung verwendet. Seit einigen Jahren sind sie auch in Gärten zu finden, eingesetzt als schnell zu errichtende Begrenzung oder als Sichtschutz. Die geflochtenen Felder mit zugespitzten Staken werden einfach in den Boden gerammt und können beliebig umgesetzt werden. Die Felder von 1 m bis 1,5 m Breite sind in verschiedenen Höhen erhältlich. Je nach örtlich verfügbarem Material werden Weiden, auch

162 Niedrige Beeteinfassungen aus Flechtwerk.

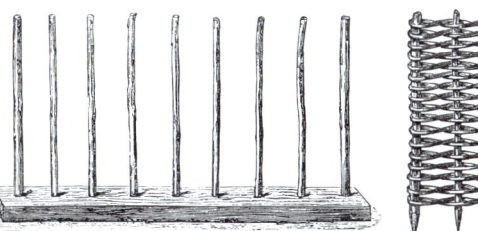
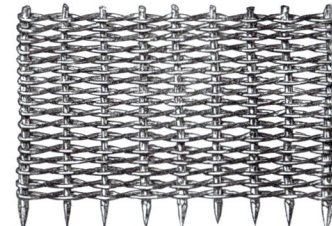

163 Herstellung von Horden: Zugespitzte Staken aus Hasel, Esskastanien- oder Ahornspäne werden in ein hölzernes Formbrett gesteckt und dünne Weiden dazwischengeflochten.

165 Aufgestapelte Horden aus Weide warten auf den Einsatz.

164 Hochwertige stabile, schön ausgeführte Horde (mit Schnecke).

Beispiele der vielen Einsatzmöglichkeiten von Flechtwerk im Garten:

166 Als Blumenampel oder, wie hier, als hängender Farngarten.

167 Eine Sitzlaube aus lebendem Weidengeflecht mit stabiler, bequemer Sitzfläche aus geschälten Ruten.

168 Als Skulptur wie der Hirsch von Anna Cross. Die Künstlerin vereint ihre Leidenschaft für Tiere und den Sinn für Kunst in ihren Flechtwerken, die sie dann in Gärten wie hier im RHS Garden Harlow Carr, England, im passenden Rahmen ausstellt.

Hasel, Esskastanien- oder Ahornspäne verwendet. Hergestellt werden sie, indem gleichmäßig lange und starke gerade Staken in ein hölzernes Formbrett gesteckt, und dünne Ruten dazwischengeflochten werden. Die Ansatz- und Abschlussreihen müssen sorgfältig ausgeführt sein, sonst fällt die Horde auseinander. Auch die Vorbereitung der Staken nimmt Zeit in Anspruch, denn nur gerade, mittig gespitzte Stangen lassen sich gut in den Boden rammen und geben ausreichend Halt. Bis vor wenigen Jahren war der Hordenmacher ein eigenständiger Handwerksberuf, heute ist er vielfach im Aufgabenbereich der Korbflechtbetriebe integriert.

Grüne Lauben

Lauben aus Flechtwerk dienten primär als Kletterhilfe und Stütze für Kletter- und Heckenpflanzen, die in Bogenform gezogen waren. Es handelte sich um temporäre Strukturen, ohne eigenen ästhetischen Wert, die verfielen und entfernt wurden, sobald die Pflanzen ihre Form annahmen und selbständig weiterwachsen konnten.

Geflochtene Lauben sind heute statt unscheinbare Elemente häufig Mittelpunkt im Garten, z.B. als ungewöhnliche Version eines Pavillons. Besonders in Kindergärten sind grüne Lauben als lebendes Flechtwerk ein beliebter Spielort, der sich, im Gegensatz zu manch anderem Spielgerät, hervorragend in den Garten einfügt.

Pflanzstütze

Eine Bohnenstange stand Pate für die gebundenen und geflochtenen Kletterhilfen. Diese sind in verschiedenen Höhen erhältlich und nicht nur im Nutzgarten praktisch, sondern auch im Blumenbeet oder in größeren Pflanzcontainern. Sie haben die Form einer Pyramide, einer Raute, sind aber auch als kleines Kugelgerüst für Pflanztöpfe zu kaufen. Ihre Machart ist einfach: gleichlange starke Ruten werden an der Spitze mit dünnen Ruten zusammengebunden und durch regelmäßig verteilte geflochtene Bänder gehalten. Die Pflanzgerüste wirken leicht, so dass auch eher zarte Pflanzen, wie beispielsweise Wicken, gut zur Geltung kommen. Gleichzeitig unterstreichen sie einen naturnahen, ländlichen Gestaltungsstil.

169 Lebende Holzzäune nehmen weniger Platz in Anspruch und sind auch dichter als konventionelle Hecken. Hier wurden Weißdornäste, *Crataegus monogyna*, diagonal geflochten und oben mit einer Abschlussreihe verstärkt.

170 Horden bieten sich als sofortiger Sichtschutz an. Beliebig einsetzbar, sind sie in verschiedenen Höhen erhältlich.

171 Iglus oder Hütten aus lebendem Weidengeflecht sind ideale Spielorte und in vielen Kindergärten, wie hier in München, zu finden.

172 Ein Flechtzaun mit selbst gebasteltem Aufsatz kaschiert die Komposttonne.

173 Der „Weidenmann" von Serena de la Hey in The Lost Gardens of Heligan, England, spiegelt die naturnahe, ungewöhnliche Stimmung der hinteren Teile des Gartens wider.

Bauanleitung: Sechseckige Gartenlaube aus Rattan

Entwurf und Planung:
Alfred Schneider, damaliger Leiter der Staatlichen Berufsfachschule für Korbflechterei in Lichtenfels, heute Staatliche Berufsfachschule für Flechtwerkgestaltung, Lichtenfels.

Ausführung:
Wilfried Popp und Georg Oester,
Lehrer an der Staatlichen Berufsfachschule für Korbflechterei.

Material
Rattan, Stärke 10-12 mm, 7 m lang, 48 Stück, Hanfschnur zum Binden

Fertige Maße
Höhe: 2,5 m
Durchmesser: ca. 4 **m**

Arbeitskräfte
Zum Flechten genügt 1 Person, zum Aufstellen werden mehrere Personen benötigt.

Zur Form
Das Sechseckgeflecht ist bei traditionellen wie auch zeitgemäßen asiatischen Flechtarbeiten aus Bambus und Rattan immer wieder zu finden.

Tipps zur Ausführung
- Die gängige Handelslänge von Rattanruten beträgt 4 m, 10 bis 12 mm stark. Um 7 m lange Stangen zu fertigen, müssen diese mit Schalm (eine Verbindung, in der zwei Stangen durch schrägen Anschnitt verbunden werden), Leim und Wicklung zusammengesetzt werden. Anschließend über 1 unter 1 in drei Richtungen zu einem Sechseck verflechten.
- Durch die Biegsamkeit von Rattan und die Beweglichkeit des Flechtwerkes kann die geflochtene Anordnung zur Kuppel hochgedrückt werden.
- Wird die Kuppel mit Rotbuche-, Hainbuche- oder Lindenheckenpflanzen bepflanzt und anschließend in Form geschnitten, sollte der Kuppelüberwuchs nach Ablauf seiner Lebensdauer (10 bis 15 Jahre) entfernt werden.
- Zur weiteren Verstärkung bei Schneelast empfiehlt es sich, eine Unterkonstruktion aus 30 mm starkem Rattan in Form eines Sechseckes in die Kuppel zu binden.

Arbeitsablauf

1. Mittelpunkt festlegen, Kreis vorzeichnen: Der innere Kreis mit 2 m Radius zeigt den Umfang der fertigen Laube an.
   Der äußere Kreis (Radius 3,5 m): sein Durchmesser entspricht der Länge der Ruten.
   Den Kreis in 12 gleichgroße Segmente teilen.
   Erst ein Sechseck legen und mit sechs Ruten über 1 unter 1 in drei Richtungen (Sechseckgeflecht) flechten.

2. Weitere Sechsecke mit 3 mal 9 Ruten schließen sich an. Die Kreuzungspunkte der äußeren Lagen des Sechseckgeflechtes binden. Das Quadrat im Innenkreis ist jetzt ausgefüllt.

3. Kuppel probeweise in der Mitte hochstellen. Dieser Schritt ist nicht unbedingt erforderlich, dient jedoch dazu, den Halt des Flechtwerkes zu überprüfen.

4. und 5.
   Ruten in Gruppen zusammenlegen: Von den 60 Rutenenden werden jeweils 5 zusammengebündelt, so dass insgesamt 12 Stränge entstehen.

6. und 7. Holzpfähle (1,5 m lang) in die Erde rammen und nach dem Hochdrücken des Rutengeflechts die 12 Stränge mit Hanfschnur an den 12 Pfählen festbinden. Anschließend kann die Laube wie hier mit echtem Wein bepflanzt werden.

Lebendes Flechtwerk

Neben der Verwendung von lebendem Flechtwerk zur Befestigung von Böschungen und im Wasserbau zur Stabilisierung von Ufern, sind in den letzten Jahren die spielerischen und gestalterischen Möglichkeiten dieses Materials entdeckt worden. In vielen Kindergärten sprießen heute phantasiereiche Flechtbauten, grüne Iglus, Tunnels, Indianer-Wigwams und mehr. Aber auch in Hausgärten können grüne Strukturen als reizvolle und künstlerische Objekte interessant sein.

Arbeiten mit lebendem Holz

Ein- bis zweijährige Weidenruten der Korbweide (*Salix viminalis* und *Salix alba*) werden im Februar geschnitten, gebündelt, mit Säcken zugedeckt und bis April im dunklen Keller gelagert. Danach können sie in den Boden gesteckt werden, damit sie Wurzeln schlagen und wachsen.

Arbeitsablauf

1. Arbeitsbereich abstecken. Richtpunkte wie Kreismitte oder Umfang mit Pflöcken kennzeichnen. Pflanzstreifen umstechen und gegebenenfalls mit humusreicher Erde auffüllen (25 cm tief, 30 cm breit)
2. Material auslegen.
3. Ruten spitz zuschneiden.
4. Ruten 20 cm tief in das Beet stecken.
5. bis 7. In 8 bis 10 cm großen Abständen Ruten nebeneinander setzen. Abschnittsweise vorgehen und nur so viele Ruten setzen, wie in einem Arbeitsgang gebunden und geflochten werden können.

In 40 cm Höhe die unterste Reihe überkreuzender Ruten mit dünnen Ruten, Hanfschnur oder Floristendraht binden. In gleichmäßigen Abständen weitere Kreuzungspunkte miteinander verbinden.

Beim Bau von Lauben und Tunnels kreuzen und überlappen sich

die Ruten von verschiedenen Seiten. Sie sind stabil aneinanderzubinden.

Wenn das Rutengeflecht fertig gebunden ist, überlange Ruten abschneiden.

Wässern, in trockenen Jahreszeiten zwei- bis dreimal wöchentlich.

Tipps zur Ausführung

- Ausführungszeit: zur Pflanzzeit im Frühling.
- Ausreichend lange Ruten verwenden.
- Je höher die Struktur, desto stärker müssen die Ruten sein.
- Zur Verstärkung der Konstruktion können trockene Ruten zwischen die grünen Ruten eingeflochten werden.
- Um starken Ruten einen besseren Halt zu geben, empfiehlt es sich, Stecklöcher ca. 15 cm tief vorher in regelmäßigen Abständen in das Pflanzbeet zu schlagen.

Tipp zur Pflege

- Regelmäßige Pflege ist notwendig, um das Flechtwerk in Form zu halten und das Wachstum in den Griff zu bekommen. Lebendes Weidenflechtwerk ist wie eine stark wachsende Hecke zu behandeln, d.h. gelegentlich ausdünnen und nach Bedarf Zweige einflechten.

Detail: Verbindung bzw. Verknotung und Umwicklung von Kreuzungspunkten z.B. mit Weide, Hanf oder Floristikdraht, hierbei darauf achten, dass keine spitzen Enden herausstehen.

174 Blick in einen Weidentunnel.

Bauanleitung: Indianerhütte

Planung und Ausführung: Alfred Schneider, zur Zeit der Ausführung Leiter der Staatlichen Berufsfachschule für Korbflechterei in Lichtenfels, Ausführung in Zusammenarbeit mit Eltern des Kindergartens Ützing.

Material

- 4 Weidenstöcke, ca. 6 cm stark und 250 cm lang
- ca. 25 Weidenruten für die grüne Ummantelung
- Flechtwerk für den oberen Kranz: Weidenruten von ca. 50 cm Durchmesser

Fertige Maße

Höhe: 210 cm,
Durchmesser: ca. 2 m
Wegen der Höhe des Indianer-Wigwams wird eine Innenkonstruktion aus Pfosten zur zusätzlichen Stabilisierung eingebracht.

Arbeitsschritte

1. Pfosten abstecken, den Kreis für die Grundfläche mit Kreide vorzeichnen.
2. Pflanzbeet vorbereiten, Eingang jedoch freilassen. Stecklöcher für die Pfosten ausheben.
3. 4 Pfosten zuspitzen und im 70°-Winkel im Boden einschlagen.
4. Pfosten oben mit Hanfschnur zusammenbinden.
5. Grüne Ummantelung: In 8 - 10 cm Abstand Weidenruten schräg in die kreisförmig angelegten Pflanzbeete einsetzen. Diagonales Siebgeflecht ausführen. Den Kreuzungs-

175 Eine Weidenkuppel, im unteren Bereich mit Flechtwerk stabilisiert.

176 Schematischer Schnitt und Ansicht eines Weidentunnels

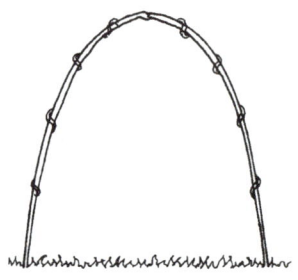

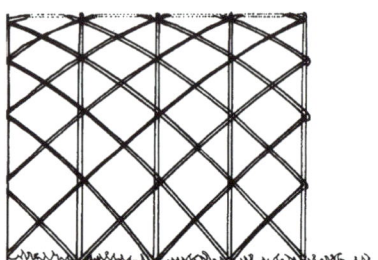

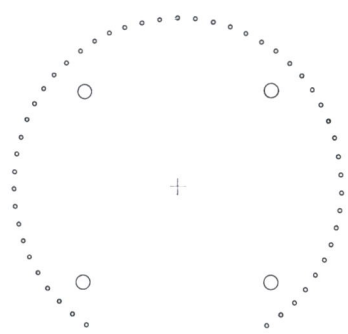

177 Grundriss und Schnitt der Konstruktion der Indianerhütte, Durchmesser 100 cm, Höhe bis zum Kranz 180 cm.

178 Die Indianerhütte im zweiten Jahr. Um alles in Form zu halten, ist ein regelmäßiger Schnitt notwendig.

179 Die Weiden der grünen Hülle sind durch den Kranz gesteckt.

180 Die geköpften Enden der starken Stützen sprießen wie Besen.

punkt der Ruten mit dünnen Weiden, Hanfschnur oder Floristendraht binden. Geflochtenen Kranz von ca. 50 cm Durchmesser an die vier Weidenstöcke binden.
6. Die Weidenspitzen durch den Kranz stecken. Die Weiden bekommen dadurch Spannung und brauchen nicht gebunden zu werden.
7. Nach Fertigstellung die Weiden wässern und den Boden fest antreten.
Pflege: Im zweiten Jahr die grüne Ummantelung wie eine Hecke schneiden.

Holz selber anbauen

Es ist keinesfalls absurd, sich im eigenen Garten einen lebenden Holzvorrat zu halten. Durch eine gezielte Auswahl an Sträuchern und kleinen Bäumen, kann so zumindest der Bedarf an Pflanzstützen für den Garten gedeckt werden. In unserem 500 qm großen Garten z.B. liefern eine Haselnuss und eine Weide ausreichend Material für Bohnen- und Erbsenstangen sowie auch Brennholz für den Kamin. Auf diese Weise erfolgt das Restholzrecycling zum großen Teil im Garten. Sogar die oft verpönte Fichtenhecke kann einen guten Zweck erfüllen: große Resthölzer vom Heckenschnitt lassen sich im Garten oftmals weiter verwenden. Und statt den Weihnachtsbaum nach Heilig Dreikönig zur Grünschnittdeponie zu geben, schneide ich die seitlichen Äste ab und verteile das Reisig als Winterschutz über die Staudenbeete. In Zonen mit strengen Wintern ist diese Abdeckung eine zusätzliche Maßnahme zu den bereits erfolgten Schutzschichten.

Gut ausgewählte Gehölze bringen Vorteile: sie sind im Garten als Bauholz nutzbar, wobei der regelmäßige Rückschnitt das Wachstum verstärkt und den Naturhaushalt unterstützt. Zudem sind sie eine kostenfreie Quelle von Kleinholz. Also: Beim nächstes Mal, wenn ein Strauch ausgesucht wird, auch an seinen Ertrag und nicht nur an sein Aussehen denken. Hier nun eine kleine Auswahl empfehlenswerter Sträucher und Bäume:

181 Nachhaltigkeit im Garten. Erbsen- und Bohnenstangen für den Gemüsegarten werden jedes Jahr vor dem Austrieb frisch geschnitten und nach Stärke und Länge sortiert. Einzelne dicke, hochgewachsene Äste werden nach drei bis fünf Jahren auf den Stock gesetzt.

Geeignete Bäume und Sträucher

Ahorn (*Acer campestre*) und **Bergahorn** (*Acer pseudoplatanus*)
Der einheimische Feldahorn, ein kleiner bis mittelgroßer Baum von 5 bis 15 m Höhe, wird im Garten oftmals als Strauch gehalten, entweder als Unterpflanzung einer Baumgruppe oder innerhalb einer Struktur- oder Blockpflanzung. In der Landwirtschaft kommt der Feldahorn in Feldhecken oder als Knickhecke vor.

Der schnellwachsende, eingebürgerte Bergahorn (Höhe 25 - 40 m) breitet sich rasch mit Sämlingen aus und kann in manchen Gärten zur Plage werden. Die Vorteile dieses schnellen Wuchses können für den Holzanbau genutzt werden. Regelmäßig bis auf den Boden zurückgeschnitten, treiben die Hölzer mit geraden Stangen wieder aus. Ebenso wie bei anderen Gehölzen können die jüngeren 7 bis 12 Jahre alten Stangen als Pflanzstützen und Heckenverstärkung, die 12 bis 25 Jahre alten für Möbel verwendet werden. Der Platzbedarf von einem auf Stock gesetzten Bergahorn beträgt 8 - 12 qm, von einem Feldahorn etwa 4 qm.

Beide Bäume sind bekannt für ihre wunderschöne Herbstfärbung, der Bergahorn auch für seine fast limetten-grüngelben Blüten im Frühling.

Esche (*Fraxinus excelsior*)
Heimischer, schnellwachsender, 20 bis 40 m hoher Großbaum, der sich rasch aussät und in den ersten 10 Jahren mit langen geraden Stämmen in die Höhe schießt. Danach kann mit einem Jahreswuchs von 30 bis 45 cm Länge gerechnet werden. Die Esche wird heute selten als auf Stock gesetz-

182

182 Wenn Sie keinen Garten und Vorrat an Ästen und Zweigen haben, können Sie welche kaufen, wie hier auf dem Viktualienmarkt in München. Weiden, beispielsweise Korkenzieher-Weiden, und auch Ruten von Rotem Hartriegel werden gerne in der Floristik eingesetzt. Sie sind aber auch einsetzbar als Pflanzstützen im Blumenbeet, siehe Abb. 183.

183 Besucher englischer Gärten staunen über die Verwendung von Zweigen, eingewebt zwischen Stauden als Kletterhilfen und Stützen. Hier in Cothay Manor Gardens, England, hält ein kuppelartiges Gebilde Rittersporn aufrecht.

ter Baum angetroffen. Sie hat aber in einem großen Garten dennoch ihren Platz und kann bei richtiger Pflege als Sichtschutz und als kleiner Wald dienen. Die jungen, 7 bis 12 Jahre alten Stangen können im Garten als Pflanzstützen, Hürden und Griffe für Werkzeuge, wie auch als Besenstiele verwendet werden. Feldzäune und einfache Gartenmöbel lassen sich aus den stärkeren, 12 bis 25 Jahre alten Hölzern bauen, gespalten oder als Vollholz. Der Platzbedarf für eine Esche mit 5 oder 6 Stämmen beträgt zwischen 8 und 12 qm Fläche.

Hainbuche (*Carpinus betulus*)
Wie Haselnuss ist Hainbuche ein Baum, der früher oft wegen seines Holzertrags in der Landwirtschaft und als Unterholz in Wäldern gepflanzt wurde. Die niedrig beasteten oder mehrstämmigen Bäume wachsen 10 - 20 m hoch. Ihr Wachstum um ca. 35 cm jährlich ist geringer als das von Haselnuss und Weide; deshalb wird die Hainbuche in einem 20-jährigen Rhythmus auf Stock gesetzt (d.h. ihre Haupttriebe fast bis Bodenniveau gekürzt).

Im Garten wird Hainbuche hauptsächlich als Hecke, selten als Solitärbaum oder Großstrauch gepflanzt. Trotz ihrer schönen gelben Herbstfärbung, den trockenen Blättern, die oft bis zum Frühling hängen und ihrer silbrigen Rinde ist Hainbuche heute nicht oft in Gärten zu sehen.
Der Platzbedarf für dieses, wenn ausgewachsen, breit ausladende Gehölz liegt bei einer Fläche von 8 bis 10 qm.

Hartriegel (*Cornus alba* 'Sibirica', 'Kesselringii' und 'Spaethii', *Cornus sericea* syn. *stolonifera* 'Flaviramea')
Hartriegel sind wegen ihres schnellen Wuchses und ihrer schönen Winterfarbe beliebt und in fast jedem Garten zu finden. Nicht alle Arten der Gattung *Cornus* eignen sich für Naturholzarbeiten, nur die heimischen und eingebürgerten Arten, wie der weiße Hartriegel, *Cornus alba* und ihre Kultivaren wie auch *Cornus sericea* mit ihren langen, gerade wachsenden Grundtrieben sind geeignet. Sie werden entweder als Solitärsträucher oder in flächendeckenden Gruppen gepflanzt und erreichen eine Höhe von 1,5 bis 3 m. Zum Erhalt der leucht-

183

184

184 Wer Platz hat, der kann bei genügend Abstand vom Haus seine eigene Quelle für Flechtmaterial im Garten haben. Korbweiden wie hier am Graben von East Lambrook Manor Gardens, Somerset, England, können durch einen jährlichen Rückschnitt der Krone in Form gehalten werden und beschatten die angrenzenden Pflanzflächen nur geringfügig. Neue Äste treiben schnell nach, die Bäume sind attraktiv im Garten. Aber aufgepasst, die Wurzeln sind weitreichend und können Baufundamente stören.

enden Farbe der Zweige gehören die Sträucher regelmäßig, mindestens in zweijährigem Rhythmus auf Stock gesetzt. Der radikale Schnitt fördert und verstärkt das Wachstum. Das Restholz aus solcher Pflegearbeit, die biegsamen geraden Ruten, eignet sich gut für kleinteilige Naturholzarbeit, beispielsweise für Flechtwerk an Pflanzstützen und für dekorative Spalierteile im Garten. Die Hölzer behalten ihre Farbe auch im getrockneten Zustand. Der Platzbedarf für einen einzelnen Strauch liegt bei 1 bis 2 qm Fläche.

Haselnuss (*Corylus avellana*)
Haselnuss, ein bis zu 5 m hoch und breit wachsender, vielstämmiger heimischer Strauch mit gelben, langen Kätzchen, die vor dem Austrieb erscheinen, ist vielseitig zu nutzen. Mit unscheinbarer Blüte, aber Nüsse tragend, ist er auch wegen seiner schönen Herbstfärbung im Garten beliebt.

Hasel eignet sich zum Schnitt und ist deshalb gut im Griff zu halten. Es empfiehlt sich, den Strauch in 7- bis 10-jährlichen Abständen auf Stock zu setzen und sonst nach Bedarf einzelne Äste jährlich zurückzuschneiden. Der Platzbedarf für einen Strauch liegt bei einer Fläche von 4 bis 6 qm.

Weide (*Salix alba* 'Liempde')
Weide ist ein sehr großer, bis 30 m, schnell wachsender Baum, der im Garten regelmäßig zurückgeschnitten werden muss. Der Jahreswuchs beträgt 75 cm. Die Sorte 'Liempde' hat einen geraden Stamm, von dem aus die Äste wirr wachsen. Sie benötigt deshalb weniger Bodenfläche. Die gelbliche Rinde der jungen Äste bringt im Winter Farbe in den Garten.
Die Äste können jährlich oder zweijährlich radikal zurückgeschnitten werden und liefern viele gerade Stangen, die im Garten als Bohnenstangen, als Stangen für Wäscheleinen und vieles mehr verwendet werden können. Der zurückbleibende Stamm treibt mit leuchtenden Ästen von neuem aus.
Wegen ihrer Wurzeln sollten Weiden nicht in Haus- oder Mauernähe gepflanzt werden, ein Mindestabstand von 20 m ist zu empfehlen. Weiden sind deshalb nicht für kleine Gärten geeignet.

Korbweide (*Salix viminalis*)
Korbweide ist als kleiner Baum oder großer Strauch 3 bis 8 m hoch, mit breitem Wuchs und einem Jahreszuwachs von 50 – 100 cm. Sie benötigt wie Haselnuss eine Fläche von 4 bis 6 qm und ist eher für Randbereiche von größeren Gärten geeignet. Die Korbweide ist unentbehrlich für Flechtwerk im Garten.

Bauen im Freien: Geeignete Holzarten

Die Kombination von extremen Witterungsbedingungen und ästhetischen Ansprüchen macht die Entscheidung, welches Holz für eine Verwendung im Freien geeignet ist, schwierig. Für Bauwerke, die lange halten sollen, kommen nur widerstandsfähige und dauerhaftere Holzarten in Erwägung. Oftmals ist aber Langlebigkeit nicht erstes Kriterium, dann können natürlich auch Resthölzer aller Arten im Garten verbaut werden.

Zur Auswahl der Holzart:
• Vorzugsweise heimische Hölzer verwenden. Das Material ist leicht von örtlichen Lieferanten zu beschaffen und entspricht in seiner Farbgebung und Struktur dem jeweiligen Landschaftscharakter.
• Das richtige Holz für den betreffenden Zweck, Einsatzort und Gestaltungsstil auswählen.
• Die Regeln des konstruktiven Holzschutzes beachten.
• Für das Holz die passende Bearbeitungstechnik auswählen.

Wie bei allen natürlichen Materialien sind auch unter den Hölzern die Unterschiede in Eigenschaft, Aussehen und Qualität erheblich. Um beurteilen zu können, welches Holz in welcher Qualität für die Arbeit im Freien geeignet ist, kann der folgende Exkurs nützlich sein.

Aufbau und Wuchs des Holzes

Standort und äußere Erscheinung des Baumes liefern gute Hinweise auf die Wachstumsbedingungen und Qualität des Baumes und dessen Holz. Ein gerade gewachsener Stamm ist brauchbarer als ein mehrstämmiger, krummer und verformter Baum. Äste und Zweige sind in der Regel zu dünn für eine weitere Verarbeitung, können aber ausgezeichnet für grüne Holzarbeiten eingesetzt werden.
Anhand eines Quer- und Längsschnittes durch den Stamm ist die Qualität und somit die Eignung des Holzes feststellbar. Während der Querschnitt am gefällten Baum gut zu erkennen ist, wird der Längs- oder Radialschnitt erkennbar, wenn der Stamm zu Brettern gesägt ist. Dieser entspricht der Struktur, die wir am fertigen Produkt sehen. Im Querschnitt, von der Mitte ausgehend, besteht ein Stamm aus:

Mark: Dieses liegt in der Mitte des Stammes, umgeben von der Holzmasse. Das Mark kann ein Schwachpunkt sein, da es häufig von Insekten oder Pilzen befallen wird. Markstrahlen gehen in waagerechter Richtung von der Mitte des Baumes aus und transportieren Nahrung. Bei vielen Weichhölzern sind sie nicht sichtbar, bei einigen Harthölzern wie der Eiche hingegen sehr deutlich ausgeprägt.

Kernholz: Dies ist der innere Teil des Stammes mit niedrigem Feuchtigkeitsgehalt; da das Kernholz nicht mehr am Wachstum teilnimmt, schwindet es weniger als Splintholz

Rinde   Jahresringe

Kernholz   Splintholz

Längsschnitt durch eine Lärche mit deutlichem Unterschied zwischen Kern- und Splintholz

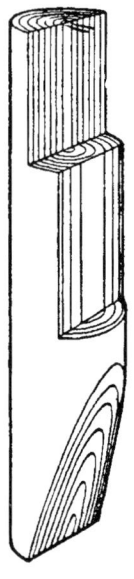

Unterschiedliche Schnitt-
richtungen durch denselben
Stamm ergeben ein
anderes Bild

(s. unten). Die verholzten Wände geben dem Baum Stabilität und Halt. Für den Bau kommt nur Kernholz in Frage; es ist deswegen der bevorzugte Teil des Stammes.

Splintholz: Wie ein Mantel direkt unter der Rinde um das Kernholz gewickelt, ist dieses Holz heller, saftreicher, leichter, minderwertiger und hat größere Zellen als das Kernholz. In diesem Teil des Stammes bilden sich die neuen Zellen. Da die Saftbewegung hier noch aktiv ist, hat das Splintholz einen entsprechend höheren Feuchtigkeitsgehalt und schwindet stärker. Bei einigen Bäumen wie Tanne und Fichte ist zwischen Splint- und Kernholz eine weitere Zone – das Reifholz – vorhanden. Dessen Farbe ähnelt dem Splintholz, ist jedoch fest und trocken wie der Kern.

Bildungs- oder Kambiumring: Sogenannte Verdickungsschicht. Ein stammumfassendes, teilungsaktives Gewebe bildet nach innen, zur Stammmitte hin, Holzzellen, außen die Bastzellen als innere Rinde sowie Rindenzellen oder Borke als äußere Rinde. In dieser Weise wächst das Holz in der Regel um einen Ring pro Jahr. Während der Wintermonate ist das Wachstum gebremst, die ansteigenden Temperaturen im Frühling setzen die Zellenbildung fort, und so entsteht ein neuer Jahresring. Rasches Wachstum im Frühjahr führt zu lockerem, hellem Frühholz, das in ein dichtes und dunkles, langsam gewachsenes „Spätholz" übergeht. Die Breite des Jahresringes kann je nach klimatischen Bedingungen von Jahr zu Jahr und von Stamm zu Stamm unterschiedlich sein. Bei rasch wachsenden Bäumen ist der Jahresring breiter als bei langsam wachsenden. Gleichmäßige Jahresringe sind wichtig für eine gute Qualität.

Bast (innere Rinde) und **Borke** (äußere Rinde): Nach außen gebildet, geben sie dem Baum eine natürliche Schutzhülle.

Die Klassifizierung vom Holz erfolgt nach diesen Wachstumsmerkmalen: Wenn das Kernholz sich deutlich vom Splint abhebt, handelt es sich um einen Kernholzbaum, wie u.a. Kiefer, Lärche und Eiche; ist nur der Splint vorhanden, bezeichnet man dies als Splintholzbaum. Umschließt der Splint das Reifholz, handelt es sich um einen Reifholzbaum. Wenn alle drei Zonen in allmählichem Farbwechsel sichtbar sind, spricht man von einem Kernreifholzbaum.

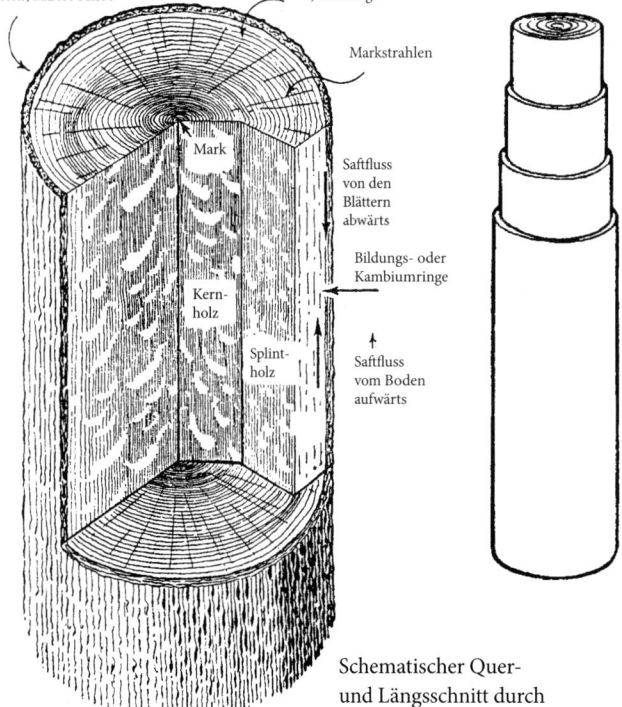

Borke, äußere Rinde

Jahresringe

Markstrahlen

Mark

Saftfluss von den Blättern abwärts

Bildungs- oder Kambiumringe

Kern-holz

Splint-holz

Saftfluss vom Boden aufwärts

Vereinfachte Darstellung, wie ein Baum jedes Jahr um eine neue Schicht wächst

Schematischer Quer- und Längsschnitt durch eine Eiche

Auswahl- und Beurteilungskriterien

Aus dem umfangreichen Angebot sind wenige Hölzer für die Verwendung im Freien geeignet, weil nur ausgesprochen harte, dauerhafte Hölzer hierfür in Frage kommen. Faktoren, die die Eignung und Qualität von Holz bestimmen, sind u.a. Bearbeitbarkeit, Festigkeit, Tragfähigkeit, Haltbarkeit und Aussehen des Holzes. Standort, Klima und Bodenverhältnisse beeinflussen die Qualität. So können zwei Bäume der gleichen Art in Wuchs und Holz ganz anders aussehen, wenn sie in unterschiedlichen Gegenden wachsen. Im Vergleich zu Holz aus der Ebene ist Holz aus höheren Lagen schwerer, widerstandsfähiger und hat schmalere Jahresringe.

Bearbeitbarkeit

Während manche Holzarten eindeutig einfach zu bearbeiten sind, ist dies bei anderen wesentlich schwieriger. Je nach Zellstruktur sind die Hölzer dichter oder weicher.

Zu der Bearbeitbarkeit gehört auch die Spaltbarkeit. Diese hängt vom Aufbau des Holzes ab. Tanne, Fichte, Lärche, Pappel, Linde, Eiche, Kastanie sind gut mit Axt und Beil zu spalten. Dagegen sind Birke, Hainbuche, Robinie, Ulme, Platane schwer spaltbar. Auch trockenes Holz ist nicht so leicht zu spalten wie grünes. Splintholz spaltet leichter als Reif- und Kernholz. Holz aus geschlossenen Beständen spaltet wegen der geringen Astbildung leichter. Besonders für die Bearbeitung von grünem Holz ist die Spaltbarkeit entscheidend.

Von großer Bedeutung für die Bearbeitung sind das Schwinden und Quellen des Holzes, abhängig von der Luftfeuchtigkeit. Es heißt, dass Holz »arbeitet« – gemeint ist eine Veränderung im Volumen des Holzes, auch in verbautem Zustand. Wird mehr Feuchtigkeit aufgenommen als das Holz bereits hat, quillt es. Je nach Saugfähigkeit des Holzes kann dies zu erheblichen Verformungen führen. Wird Feuchtigkeit abgegeben, d.h. verdunstet, schwindet das Holz. Es wird kleiner, zieht sich zusammen und verformt sich; ein allmählicher Vorgang, der im Extremfall Risse verursacht. Die Auswirkungen dieses Prozesses sind nicht zu unterschätzen. Während für Holz im Innenraum die Bedingungen konstant gehalten werden können, gehören im Freien große Temperaturschwankungen zum Tagesablauf. Aus diesem Grund ist es wichtig, bereits beim Holzkauf darauf zu achten, wie der Stamm geschnitten wurde.

Die Feuchtigkeitswerte von Holz in den verschiedenen Stadien nach dem

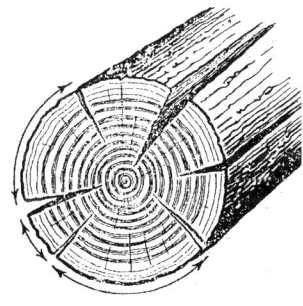

Schwinden verändert die Form und das Maß des Holzes. Bretter, geschnitten aus Holz, das unzureichend getrocknet wurde, schwinden und werfen sich.

Rissbildung als Folge von Schwinden.

Fällen geben aufschlussreiche Hinweise auf die Problematik. Frisch gefällt haben Laubhölzer in der Regel 40 bis 60% und Nadelhölzer 50 bis 60% Feuchtigkeitsgehalt im Vergleich zu 10 bis 15%, jedoch höchstens 20% im luftgetrockneten Zustand.

Im Übergang vom frisch gefällten grünen Holz bis zum trockenen Zustand (Darrzustand) verändern sich die Maße des Holzes, ein Umstand, der für die Verarbeitung von grünem Holz genutzt wird. Bei den konventionellen Bearbeitungsmethoden ist es notwendig, dass das Holz fachgerecht trocknet, bevor die weitere Bearbeitung erfolgt.

Haltbarkeit des Holzes

Die Dauerhaftigkeit des Holzes hängt von der Art und den Wuchsbedingungen ab. Im allgemeinen sind Kern- und Reifholz dauerhafter als Splintholz, Hartholz ist dauerhafter als Weichholz, und Hölzer aus beständigen Lagen sind langlebiger als Hölzer, die dem ständigen Wechsel von Nässe und Trockenheit ausgesetzt sind. Holz von mittlerem Alter ist haltbarer als junges oder altes Holz. Eine Faustregel besagt: Je gesünder, trockener, fester und harzreicher das Holz, desto langlebiger. Die Werte in der Tabelle sind Richtwerte, die von einer fachgerechten Konstruktion ausgehen; sie können außer-

dem je nach den örtlichen Gegebenheiten und klimatischen Bedingungen variieren.

Neben der Einteilung in Kern-, Splint- und Reifholzbäume wird zwischen Hart- und Weichhölzern unterschieden. Harthölzer sind schwere Hölzer mit dicht gelagerten Zellen. Zu den Harthölzern gehören Eiche, Buche, Kastanie, Ahorn, Esche, Ulme, Hainbuche, Robinie und Nussbaum. Weichhölzer sind schwammig, leichter im Aufbau und weniger dauerhaft; die Nadelhölzer, Linden-, Pappeln-, Birken-, Weiden- und Erlenholz gehören zu dieser Gruppe.

Aussehen und Farbe

Farbe, Struktur und Porigkeit spielen eine große Rolle für das Aussehen des Holzes. Auch wenn die Farbe bei der Auswahl von Holz für Möbel, Parkett usw. oft entscheidend ist, für außen ist lediglich der Unterschied zwischen hellem und dunklem, grauem und rotbraunem Holz von Interesse. Da jedes Holz seine Farbe unter Wit-

Holzart	Lebensdauer im Freien (fachgerecht verbaut, ohne Behandlung)
Europäische Eiche	50 bis 75 Jahre
Lärche	20 bis 30 Jahre
Robinie	15 bis 25 Jahre
Western Red Cedar	15 bis 25 Jahre
Fichte	10 bis 25 Jahre
Douglasie	10 bis 15 Jahre
Tanne	5 bis 15 Jahre

Hölzer zur Verwendung im Freien	
Heimische Nadelhölzer	Kiefer
	Fichte
	Lärche
	Tanne
Importierte Weichhölzer	Douglasie (wird auch angebaut)
	Western Red Cedar
	Western Hemlock
Heimische Harthölzer	Eiche
	Erle
	Kastanie
	Robinie
Sekundäre Harthölzer	Birke
	Esche
	Ahorn
Hölzer für Naturholzarbeit und Flechtwerk	Birke
	Hainbuche
	Hasel
	Weide

terungseinflüssen verändert, macht es wenig Sinn, das Holz allein wegen seiner Farbe im unverbauten Zustand auszusuchen. Je nach Holzart dunkelt es im Laufe der Zeit nach oder bleicht aus. Maßgebend ist die zu erwartende Farbe nach einigen Jahren. Bei den meisten Hölzern ist die Farbe nicht gleichmäßig, eine gewisse Lebendigkeit gehört zum Charakter von Holz.

Die Porigkeit des Holzes hängt von der Zellstruktur ab. Feinporiges Holz hat kleinere, engere Zellen. Die Struktur oder Maserung ist wie eine individuelle Handschrift. Die Dominanz von Jahresringen und Markstrahlen variiert von Holz zu Holz. Leider kommen viele dieser Ausprägungen im Außenbereich selten zur Geltung.

Einige Holz-Porträts

Weichhölzer (Nadelhölzer)
Kurzzeichen nach DIN 4076/1 – Darrgewicht als Richtwert

Kiefer, Föhre (Kl)
Pinus silvestris
Heimisches Holz erreicht erst mit 120 Jahren beste Qualität, vorher ist es weniger fest und harzreich.
Höhe: 20 bis 40 m,
Durchmesser: ca. 1 m. Ein Kernholzbaum mit breitem Splint, dünnem Mark und deutlichen Jahresringen. Farbe: Kern und Splint gelblich, frisch gefällt rötlichweiß, getrocknetes Kernholz rotbraun (Red Deal). Das Splintholz ist bläueanfällig. Wegen ihres Harzgehalts ist Kiefer besonders geeignet zum Einsatz im Freien, mit ähnlichen Qualitätsmerkmalen wie Lärche und Eiche. Gut zu bearbeiten, im allgemeinen aber nicht fäulnisbeständig.
Darrgewicht: 510 kg/m³

Fichte (Fi)
Picea abies
Heimischer Reifholzbaum.
Höhe: 20 bis 50 m, die nach 80 bis 120 Jahren erreicht wird.
Stammdicke bis 130 cm, verjüngt nach oben. Farbe: Kern und Splint rötlich oder gelbweiß, mit deutlichen Jahresringen, schlicht. Fester und

harzreicher als Tanne, jedoch weniger hart als Lärche und Kiefer, deshalb weniger wetterfest, aber von großer Elastizität und leicht zu bearbeiten.

Lärche (LA)
Larix decidula
Heimisch, als Halbhartholz eingestuft. Wird bis zu 45 m hoch bei einem Durchmesser von 1 m. Kernholzbaum. Das Holz ist grob, gut spaltbar, schlicht, enthält weniger Harz als Kiefer und ist dauerhaft bei großer Elastizität. Es ist leicht zu bearbeiten. Farbe: Splint gelblich-weiß, Kern rot oder rotbraun, dunkler als Kiefer, bei altem Stamm gelegentlich geflammt. Wird nicht so viel gepflanzt wie Fichte und Tanne. Liegt in der Qualität zwischen Sommereiche und Kiefernholz. Im Freien schwitzt Harz aus und bildet einen Schutz vor Witterungseinflüssen. Gut geeignet für Bauteile im Freien, könnte breitere Verwendung finden.
Darrgewicht: 590 kg/m³

Tanne (TA)
Weißtanne *(Abies alba)*, Silbertanne, Edeltanne *(Abies sp.)*
Heimisch. Längenwachstum mit 80 bis 120 Jahren erreicht. Durchschnittshöhe 40 m. Reifholzbaum, mit breitem Splint, harten Jahresrin-

Weymouth-Kiefer

Fichte

Lärche

Tanne

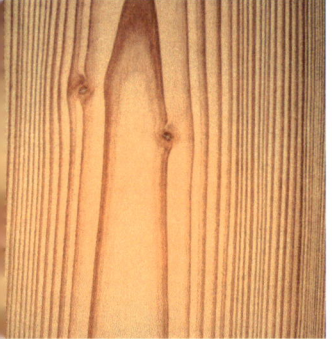

Douglasie

Eiche

Erle

gen und dünnem Mark. Weich, harz-arm, gut spaltbar, biegsam. Leicht zu bearbeiten. Feinporig, schlicht (mit regelmäßig geradem, langfaserigem Wuchs). Neigung zu Astansätzen. Farbe: Weiß mit gelblich-rotem Anteil wie bei der Fichte. Kein Farbunterschied zwischen Kern- und Splintholz. Verträgt Lasierung und Anstrich. Vergraut im Alter. Dauerhaftigkeit geringer als die von Fichte. Darrgewicht: 480 kg/m³

Douglasie (DG)

Pseudotsuga menziesii 'Franco'
Aus Nordamerika, inzwischen auch in Europa gepflanzt, ein sehr ergiebiger Baum. Durchschnittshöhe 60 m, mit bis zu 2 m Durchmesser. Geradfaserig, mit klarem Früh- und Spätholz, wenige Äste, harzreich. Schwindet wenig bei fachgerechter Trocknung. Sehr gut für den Außenbereich geeignet und leicht zu bearbeiten. Splintholz helle Farbe, Kernholz dunkler, braunrot gestreift.
Darrgewicht: 510-540 kg/m³

Harthölzer (Laubhölzer)

Von den zahlreichen heimischen und eingebürgerten Laubhölzern eignen sich nur wenige für eine einwandfreie Verwendung im Freien. Viele sind sekundäre Hölzer, die lediglich beschränkt einsetzbar sind, z.B. für Feldzäune oder Naturholzarbeiten.

Eiche (EI)

Von den vielen Eichenarten werden hauptsächlich die zwei heimischen Arten verwendet:

• *Quercus robur,* Stieleiche, Sommereiche
  Höhe bis zu 40 m, Stammdicke bis zu 2 m, mit hellgelbem Splint und einem gelblichen, roten, rötlichen oder graubraunen Kern.

• *Quercus petraea,* Wintereiche, Traubeneiche
  Bis zu 60 m Höhe mit gelblichem und härterem Holz als die Sommereiche.

Beide Eichenarten sind heimische, besonders langlebige Hölzer, in Mischwäldern oder als einzelne Feldbäume anzutreffen.
Gekennzeichnet durch Kernholz mit scharf abgesetztem Splint, gleichmäßigen Jahresringen und Markstrahlenspiegel neigen über 200 Jahre alte Bäume allerdings zur Kernfäulnis. Das Splintholz ist anfällig für Wurmfraß und Fäulnispilze. Langsam gewachsenes Holz ist leicht zu bearbeiten.
Eichenholz ist schwer, hart, dauerhaft, langfaserig, leicht spaltbar und gerbsäurehaltig. Diese letztgenannte Eigenschaft ist besonders wichtig für die Verwendung im Wasserbau, da die Gerbsäure fäulnishemmend wirkt. Wenn das Holz mit feuchten Eisenteilen in Berührung kommt, bekommt es blaue Flecken. Umgekehrt werden die Eisenteile angegriffen und rosten; es empfiehlt sich, nur verzinkte Messing- oder Holzverbindungsteile zu verwenden. Wegen des Gerbsäuregehalts ist Eichenholz gut anzufärben. Die Haltbarkeit liegt im Trockenen bei 500 Jahren, im Wasser ist sie unbegrenzt, im Wechsel sind ca. 50 Jahre anzusetzen. Ein hervorragendes, aber teures Holz, das nicht in großen Mengen erhältlich, aber vielseitig anwendbar ist: im Wasser- und Brückenbau, ebenso im Garten für Gartenbauten, Zäune, Pergolen und Spaliere.

Erle (ER)

Alnus glutinosa, Schwarzerle
Alnus incana, Weißerle, Grauerle
Ein Splintholzbaum, das Holz ist weich, gut spaltbar, einfach zu schnei-

den, zum Bearbeiten ist scharfes Werkzeug erforderlich. Gut in ständiger Nässe, daher vielfach im Wasserbau verwendet. Weniger geeignet für ständigen Wechsel. Farbe: Bei beiden Erlenarten ähnlich, wobei, wie der Name andeutet, Weißerle heller und eher grau als rot, Roterle rotbraun bis graubraun ist. An der Luft belassen wird das Holz eindeutig röter oder orange. Darrgewicht: ca. 530 kg/m^3

Kastanie, Edelkastanie, Esskastanie (EKE)

Castanea sativa

Wächst nur in mildem Klima wie im Rheintal, ist im Mittelmeerraum heimisch. Ein Kernholzbaum; das Holz ist schwer, elastisch, gerbsäurehaltig und verfault daher nur schwer. In der Farbe ähnlich wie die Eiche; das Holz ist schlicht, manchmal »gewimmert«; letzteres führt zu Problemen bei der Bearbeitung. Im allgemeinen ist Kastanienholz aber leichter zu bearbeiten als Eiche. Das junge Holz ist gut spaltbar und ein ideales Material für Zaunlatten. Edelkastanie produziert bereits nach 12 Jahren Kernholz und eignet sich auch zur Haltung als Unterholz. In der Regel nur in kleineren Mengen erhältlich. Wird als Alternative zu Eiche verwendet, wobei auch hier von der Verwendung von Eisenteilen abzuraten ist, die wegen des Gerbsäuregehalts im Holz leicht korrodieren.
Darrgewicht: 560 kg/m^3

Robinie (ROB)

Robinie pseudoacacia

Nicht heimischer, aber inzwischen eingebürgerter und weitverbreiteter, 20 bis 25 m hoher, schnellwachsender Kernbaum mit schwerem Holz; hart, elastisch, zäh, gut zu sägen, aber schwer zu spalten, von großer Dauerhaftigkeit. Schmaler Streifen, gelblich-weißer Splint, Kern gelbbraun oder grüngelb, gelegentlich auch geflammt oder gestreift. Das Holz wittert zu Silbergrau. Wird immer häufiger für Kinderspielplätze verwendet, anstelle von kesseldruckimprägniertem Fichtenholz. Wichtiges Herkunftsgebiet ist Osteuropa, u.a. Ungarn.
Darrgewicht: 640 - 800 kg/m^3

Sekundäre Hölzer (für Feldzäune)

Ahorn

Bergahorn (AH), *Acer pseudoplatanus*
Heimischer Baum, weit verbreitet in vielen Arten, freiwachsend. Splintholzbaum, Holz mittelschwer, hart, fein, spaltbar, deshalb verwendet für Querriegel und Latten im Zaunbau, nicht gut geeignet für direkten Bodenkontakt. Farbe: weiß, gelbweiß, wittert zu Silbergrau im Freien.
Darrgewicht: 630 kg/m^3

Esche (ES)

Fraxinus excelsior
Heimischer Kernreifholzbaum mit breitem Splint, großem Mark, breiten Jahresringen. Das Holz ist schwer, gradfaserig, manchmal verstärkt Wimmerwuchs; es ist hart, fest, elastisch, grobporig. Farbe: hell gelbweiß oder grauweiß. Eschenholz ist gut zu sägen und zu bearbeiten. Die langen, geraden Äste werden als Bohnenstangen verwendet, 12 bis 25 Jahre altes Holz eignet sich für Feldzäune.
Darrgewicht: 710 kg/m^3

Kastanie

Robinie

Ahorn

Esche

Vom Baum zum Bauschnittholz

In unserer Supermarktkultur wird schnell vergessen, wo die Ware herstammt, denn das ordentlich gestapelte Bauschnittholz im Baumarkt zeigt kaum Spuren seiner Herkunft. Ursprünglich wurde nur das örtlich erhältliche Holz für die Arbeit im Feld sowie im und um den Garten verwendet. Dass die einfachen, zweckmäßigen Konstruktionen eine begrenzte Lebensdauer hatten, galt als selbstverständlich. Erst mit der zunehmenden Rolle des Gartens als Erholungsort wurden die Konstruktionen aufwendiger und dekorativer. Nicht mehr der Zweck stand im Vordergrund, sondern zunehmend die gestalterische Wirkung. Das Holz aus den bescheidenen Quellen des Selbstversorgers reichte nicht mehr aus. Wesentlich größere Mengen von Holz beständiger Qualität sowie in passenden Längen und Querschnitten für eine rasche und wirtschaftliche Bearbeitung wurden gebraucht.

Holzfällen

Früher wurden die Bäume für spezifische Zwecke von den Handwerkern ausgesucht und mit Hilfe des Waldarbeiters gefällt – ein Vorgehen, das heute nur mehr selten praktiziert wird. Heute erfolgt die Entscheidung über Fällreife in den bewirtschafteten Wäldern nach Plan und der Erfahrung des Försters. Die Fällzeit, ob Winter- oder Sommerfällung, ist stets umstritten. Der alten Regel zufolge sollte nicht im »Safttrieb« gefällt werden; eine Erfahrung aus langjähriger Praxis, die sich auf die Holzqualität bezieht. Egal, zu welcher Zeit gefällt wird, die richtige Behandlung nach der Fällung ist maßgebend. Ab diesem Zeitpunkt beginnt der vorsichtige Umgang mit dem Feuchtigkeitsgehalt des Baumes. Die Feuchtigkeit nimmt von 60 bis auf 20% und darunter ab. Je gleichmäßiger der Trockenvorgang erfolgt, desto besser ist die Holzqualität.

Bereits am gefällten Baum lässt sich prüfen, ob das Holz gesund ist oder nicht. Beim Klopfen an der Rinde ergibt gesundes Holz einen hellen Klang, während an kranken Stellen ein dumpfer Ton zu hören ist. Das gefällte Holz darf nicht auf dem Waldboden liegen bleiben, sondern ist zum Schutz vor Bodenfeuchtigkeit, Sonne, Wind und Nässe zu stapeln. Verdunstungen am Hirnholz sind durch Anstrich zu reduzieren. Alle Maßnahmen haben das Ziel, gutes, gesundes und dauerhaftes Holz zu erzeugen. Baumfällung ist mit Vorsicht und nur mit fundierten Fachkenntnissen auszuführen. In Privatgärten und in geschützten Gebieten ist zuerst zu prüfen, ob eine Fällgenehmigung beantragt werden muss. Kleine, freistehende Bäume unter 80 cm Stammumfang können unter Berücksichtigung der Sicherheitsvorkehrungen selbst gefällt werden. Bei größeren Bäumen, insbesondere auf engem Raum und in unmittelbarer Nähe von Gebäuden, ist es jedoch ratsam, einen erfahrenen Fachmann mit dem Fällen zu beauftragen.

Im Sägewerk

Die Transformation vom Baumstamm zum Baumaterial setzt sich fort im Sägewerk. Durch einen schnellen, wirtschaftlichen Schnitt wird möglichst viel brauchbares und qualitätvolles Schnittholz aus einem Stamm gesägt. Die ergiebigste Anzahl von Brettern und Bohlen liefern größere Stämme mit etwa 1 m Durchmesser. Je kleiner der Durchmesser des Stammes, um so weniger Teile lassen sich heraussägen. Kleinere Stämme werden nur entrindet und bekantet, ansonsten aber im ganzen belassen; Mittelgrößen hingegen können halbiert oder geviertelt werden. Zwei Schnittarten werden bevorzugt:

Tangential- oder Fladerschnitt

Dieser Schnitt verläuft in Längsrichtung zum Stamm durch die verschiedenen Holzzonen und ergibt gleichmäßig starke Bretter, die von außen nach innen folgendermaßen bezeichnet werden:
- Schwartenbrett
- Seitenbrett
- Mittelbrett
- Herz- oder Kernbrett

Schwinden während des Trocknens führt zur Krümmung, was die Qualität des Holzes beeinträchtigt (siehe auch Seite 113).

Viertel- oder Radialschnitt

Hier wird quer zum Kern geschnitten, d.h. die Bretter liegen in Querrichtung zu den Jahresringen und zeigen die sogenannten »stehenden Jahresringe«. Das hat den Vorteil, dass das Holz sich beim Trocknen weniger wirft. Radialschnitt ist jedoch ein unwirtschaftlicher Schnitt mit viel Abfall. Die herkömmliche Methode besteht darin, den Stamm zu vierteln und dann in die einzelnen Bretter zu teilen.

Neben den üblichen, genormten Größen von Bauschnittholz kann selbstverständlich jede beliebige Abmessung und Aufteilung des Holzes im Sägewerk gesägt werden. Diese Sonderware ist rechtzeitig zu bestellen und mit Mehrkosten verbunden. Nach dem Sägen wird das Holz besäumt, d.h. die Rinde wird mechanisch entfernt und das Brett umgekantet, indem die Längsseiten im rechten Winkel abgeschnitten werden. Anschließend wird das Holz zum Trocknen gestapelt.

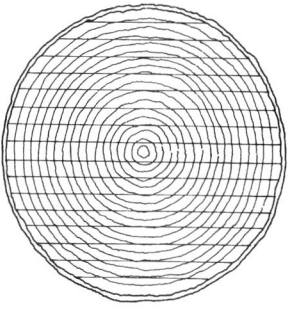

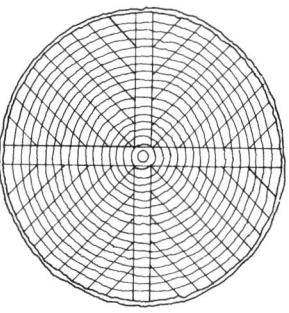

Tangential- oder Fladerschnitt (oben), Viertel- oder Radialschnitt (unten).

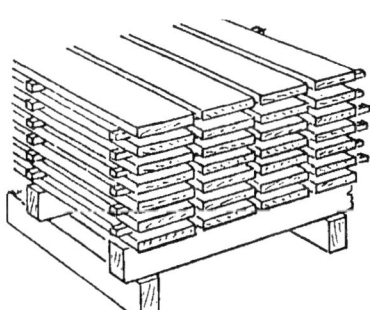

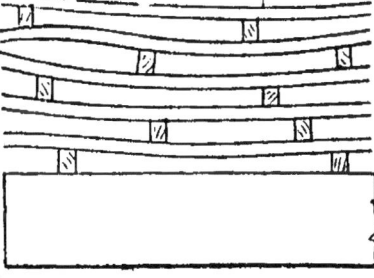

Holzstapel mit Abstandshalter; die Abstandshalter müssen von einer Stärke und in Flucht gesetzt sein, sonst wirft sich das Holz. Entnommen aus „Timber for Woodworkers", Evans 1959.

Trocknen und Lagern

Holz, das im Außenbereich verwendet wird, ist höherer Luftfeuchtigkeit und größeren Schwankungen ausgesetzt als im Innenraum. Aus diesem Grund ist es wichtig, auf fachgerecht getrocknetes Holz zu achten.

Das Trocknen, oft auch »Reifen« genannt, hat das Ziel, die Feuchtigkeit im Holz gleichmäßig zu reduzieren, ohne Risse zu verursachen und das Holz zu beschädigen. Das Material wird dadurch härter und in manchen Fällen schwieriger zu bearbeiten. Nachdem die Stämme gesägt sind, werden sie gestapelt. Um ein gleichmäßiges Trocknen zu gewährleisten, sind die Hölzer auf einen Unterbau gestellt und in Block- oder Kastenstapel geschichtet. Abstandshalter, d.h. 2 × 2 cm starke Leisten, werden quer zwischen die Bretterschichten gelegt. Dadurch ist für eine gleichmäßige Verdunstung und Feuchtigkeitsaufnahme gesorgt. Das Eigengewicht des Holzstapels verhindert die Verformung des Holzes. Das Stirnholz wird gestrichen, um zu starkes Austrocknen zu vermeiden.

Der natürliche Trocknungsprozess nimmt nicht nur Zeit, sondern auch Platz in Anspruch. Um mehr Schnittholz im baufertigen Zustand schneller zu liefern, wird im Sägewerk zunehmend auch in Spezialkammern künstlich getrocknet.

Der Feuchtigkeitsgehalt des Holzes kann nach der Faustformel errechnet werden:

Wassergewicht =
Originalgewicht – Trockengewicht

Das Holz wird also vor und nach dem Trocknen gewogen. Die Ergebnisse von amtlich geprüften Messgeräten sind maßgebend: Trockenes Holz hat höchstens 20% mittlere Feuchtigkeit, halbtrockenes höchstens 30%.

Bei vielen Holzarten, insbesondere bei Harthölzern, kann der natürliche Trockenvorgang nicht ersetzt werden. Wie ein guter Wein, so muss auch Holz reifen. Dieser natürliche und oft langwierige Prozess dauert je nach Holzart unterschiedlich lang. Eine Faustregel besagt:

Für jeden Zentimeter Dicke
1 Jahr Trockenzeit,

wobei auch zu berücksichtigen ist, dass in der Regel Winterholz langsamer trocknet als Sommerholz. Das Holz muss in klimatisch beständiger Umgebung weder zu feucht noch zu trocken fachgerecht gestapelt, überdeckt oder unter Dach gelagert und nach Bedarf umgeschichtet werden. So manches Holzlager ist das Ergebnis jahrzehntelangen Umgangs mit Holz. Jeder Zimmerer oder Schreiner hat seinen eigenen Vorrat, manche besitzen wahre Sammlungen, in denen auch besonders kostbares Holz gelagert wird. Mit dem passenden Holz können schnell Reparaturen ausgeführt werden. Nach dem Prinzip der Selbstversorgung ist immer ein Vorrat von gutem, fachmännisch gelagertem Holz für den eigenen Bedarf griffbereit. Allzuoft verhindert Platzmangel allerdings das Aufbewahren oder Lagern auch von kleinen Mengen Holz. Garagen, Dachböden, alte Schuppen und geschützte Zonen unter der Traufe sind gute Lagerplätze. Ohne diese Möglichkeiten muss für jedes Stück Holz der Holzhändler oder Baumarkt aufgesucht werden.

185 Eiche, fachmännisch aufgeschichtet, im überdachten Holzlager von John Makepeace neben seiner Werkstatt in England.

Holzgrößen und Qualitäten

Bauschnittholz und Baurundholz (erhältlich im Holzhandel oder Baumarkt) sind genormt. Dies setzt Maßstäbe in Hinblick auf die Qualität und Größe und auch für die Bezeichnung. Selbstgefälltes oder privat erworbenes Holz fällt nicht unter diese Norm. Hier ist mit einer größeren Toleranz bei den Holzgrößen und hinsichtlich der Qualität zu rechnen. Dieses Holz muss genau auf Schädlinge und andere Anzeichen für Minderwertigkeit geprüft werden. Vollholz, d.h. entrindete Rundhölzer und Bauschnitthölzer aus vollen Holzstücken, sind besonders gut für den Garten geeignet. Holz mit Rinde wird nur für Naturholzarbeiten verwendet.

Die Benennung der Holzformate erfolgt nach Maßen und Querschnittsgröße, festgelegt in den einschlägigen DIN-Normen. Grundsätzlich wird Holz in Rundholz und in die wesentlich größere Gruppe des Bauschnittholzes eingeteilt.

Rundholz

Wie der Name besagt, handelt es sich hier um Holz mit rundem Querschnitt, das für rustikale Pergolen, Lauben, Rosenbögen und Trennwände Verwendung findet. Erhältlich ist es in drei Handelsklassen, wobei nur A und B für eine Verwendung im Freien in Frage kommen:

Handelsklasse A
Gute Beschaffenheit, gesund, geradschälig, vollholzig, fast astfrei, geringe Fehler, die den Wert des Holzes nicht beeinträchtigen.

Handelsklasse B
Gewöhnlich gesunde Hölzer mit unerheblichen Fehlern, entsprechend der Handelsklasse.

Handelsklasse C
Stark astig, abholzig, drehwüchsig, nicht geeignet für den Gebrauch.

Baurundholz

Nach DIN 4074 sind Baurundhölzer entrindete Rundhölzer – entweder nicht geschnitten und nicht behauen oder ein- oder zweiseitig geschnitten oder behauen. Die Maße variieren von Hersteller zu Hersteller.

Bauschnittholz

Hier handelt es sich um die umfangreichste Gruppe von Bauholz, das in verschiedensten Querschnitten für sämtliche Arbeiten im Garten verwendet wird. Das Holz wird sägerauh oder gehobelt direkt vom Sägewerk geliefert. Die erhältlichen Größen sind in den einschlägigen DIN-Normen (DIN 4070) festgelegt. In DIN 68365, Bauholz für Zimmererarbeit, sind die einzelnen Arten von Bauschnitthölzern definiert:

Kanthölzer

sind Hölzer mit quadratischem oder rechteckigem Querschnitt, wobei die Querschnittseiten mindestens 60 mm betragen müssen. Beläuft sich die Abmessung der größten Querschnittseite auf 20 cm oder mehr, wird das Holz auch als Balken bezeichnet.
Gängige Maße, erhältlich im Handel, sind u.a.:

60 × 60 mm	95 × 95 mm
60 × 100 mm	95 × 115 mm
70 × 70 mm	115 × 115 mm
80 × 80 mm	115 × 135 mm
90 × 90 mm	120 × 120 mm

Die Schnittklassen für Kanthölzer sind von S bis C gestuft, wobei in Schnittklasse S (Sonderschnittklasse) mit scharfkantigem Schnitt keinerlei

Baumkanten zulässig sind, in A mit vollkantigem Schnitt nur zu einem Achtel, in B mit fehlkantigem Schnitt zu einem Drittel, und in C muss mindestens jede Seite in ganzer Länge von der Säge gestreift werden.

Bretter und Bohlen

haben einen rechteckigen Querschnitt mit mindestens 80 mm Breite und einer Dicke von mindestens 5 mm. Ist die kleinste Seitenlänge größer als 35 mm, wird das Schnittholz als Bohle bezeichnet.

Gängige Rohmaße sind
- für Bohlen 45 - 100 mm, u.a.:
  $45 \times 90 (120)$ mm
  $58 \times 120 (145)$ mm
  60×140 mm
- für Bretter 10 - 40 mm, u.a.:
  $16 \times 130 (160)$ mm
  18×95 mm
  $20 \times 75 (95, 115)$ mm
  21×145 mm
  $25 \times 96 (135)$ mm
  $27 \times 115 (135, 145)$ mm
  28×95 mm
  $35 \times 105 (155)$ mm
  36×115 mm
  37×95 mm

Das vielfältige Angebot an Brettern verschiedener Größe, Oberflächenbehandlung und unterschiedlichen Bearbeitungsgrades ist kaum erfassbar. Unter anderem gibt es Bretter mit einseitig gerillter Oberfläche, gehobelt oder mit gefasten Kanten.

Latten und Leisten

haben quadratischen oder rechteckigen Querschnitt, die Querschnittmaße sind kleiner als die von Kanthölzern, Brettern und Bohlen. Gängige Maße sind:

15×30 mm	35×35 mm
24×48 mm	35×55 mm
26×45 mm	34×70 mm
30×50 mm	40×60 mm

Weitere Holzformate und -größen

Zusätzlich zu den aufgeführten Bezeichnungen und Größen sind weitere Holzformate für besondere Zwecke erhältlich:

Rundholzpflaster

Höhe 10 oder 15 cm,
Durchmesser von 8 bis 30 cm.

Kantholzpflaster

Quadratische oder rechteckige Hölzer im Format: $10 \times 10 \times 10$ oder 12 cm
$10 \times 16 \times 20$ cm und
$10 \times 18 \times 24$ cm

Kiefernschwellen

auch Bahnschwellen genannt, glatt und auch mit geriffelter Oberfläche erhältlich.
$1230 \times 120 \times 80$ mm
$1500 \times 190 \times 90$ mm
$1500 \times 260 \times 160$ mm
$2500 \times 240 \times 120$ mm
$2500 \times 240 \times 250$ mm

Staketen, Staketenlatten

Halbrundhölzer, 18 mm stark, in verschiedenen Breiten für den Zaunbau.

Güteklassen

Neben der Bezeichnung und den Maßen des Holzes ist es wichtig, mit den Merkmalen der Güteklassen vertraut zu sein. Für Arbeiten im Freien werden hauptsächlich Güteklasse II: Bauschnittholz mit gewöhnlicher Tragfähigkeit, und Güteklasse III: Bauschnittholz mit geringer Tragfähigkeit verwendet. DIN-Norm 68365 regelt die Gütemerkmale der Güteklassen von Bauschnitthölzern aus Nadelholz (Fichte, Tanne, Douglasie und Kiefer) und Laubholz (ohne spezifische Holzarten zu nennen). Die beste Klasse ist 0 bzw. I, abfallend bis Klasse IV. Das Holz ist u.a. begutachtet in Hinblick auf Farbe, Vorkommen von Ästen, Frostrissen, Wurm- und Käferfraß, Drehwuchs, Krümmung und Mistelbefall. Rinde und Bast sind in allen Güteklassen unzulässig. Am differenziertesten sind die Gütebezeichnungen für Nadelholz. Dies entspricht dem weitaus höheren Prozentsatz von Nadelholz auf dem Markt im Vergleich zu Laubschnittholz.

Bauschnittholz aus Laubholz

Dieses Holz wird nur in einer Normalklasse aufgeführt. Danach sind Rinde und Bast unzulässig, ebenso Frost- und Blitzrisse sowie Wurm- und Käferfraß. Ringschäligkeit und Drehwuchs sind nur in geringem Maß zulässig. Gesunde Äste sind zulässig, faule dagegen nicht. Gesondert aufgeführt ist Splint, in der Eichenholz nicht zulässig ist.

Bauschnittholz aus Nadelholz

Neben der Aufführung der zulässigen Gütemerkmale wird hier durch Unterteilung in Gruppen zwischen den Nadelholzarten unterschieden, wobei Fichte, Tanne und Douglasie zu einer Gruppe gehören und Kiefer gesondert aufgeführt ist. Detaillierte Angaben zur Güteklasse enthalten DIN 4074 und DIN 68365.

Kanthölzer

Es wird zwischen Sonder- und Normalklasse unterschieden. Nur gesundes Holz, frei von Wuchsfehlern und ohne Schädlinge, wie auch Holz, frei von Bläue, weder rot noch farbig, wird eingestuft als *Sonderklasse*.
In der *Normalklasse* sind nagelfeste braune und rote Streifen zulässig, Blitz- und Frostrisse, Drehwuchs, Ringschäligkeit und Mistelbefall in geringem Maße, Insektenfraßstellen nur an der Oberfläche zulässig und Krümmung 4 mm je Meter.

Ungehobelte Bretter und Bohlen

Rot- und Weißfäule wie auch Rinde und Bast sind in allen Klassen unzulässig. Mistelbefall und Kernschiefer sind nur in geringem Maße in Güteklasse IV zulässig. Nach der tabellarischen Aufführung in DIN 68365 ist eine klar detaillierte Qualitätsabstufung von Güteklasse 0-IV erkennbar:
Güteklasse 0: frei von Bläue, weder rot noch farbig, vereinzelt kleine Risse, nicht länger als die Brett- oder Bohlenbreite, keinesfalls durchgehend und nicht schräglaufend
Güteklasse I: vereinzelt leichtfarbige Vorkommen, vereinzelt Harzgallen bis 0,5 cm breit und 5 cm lang
Güteklasse II: leichtfarbig 10% der Oberfläche, Harzgallen mittelgroß bis 1 cm breit und 10 cm lang
Güteklasse III: mittelfarbig 40% der Oberfläche
Güteklasse IV: farbig, mehr als 40% der Oberfläche

186 In June Blakes Garten in Irland wurden Eichenbalken ähnlich den Gerippen eines Wikingerschiffs im Hang als eine Mischung zwischen Stufe, Wegweiser und Kunst installiert.

187 Kantholzstufen sind interessante Gestaltungselemente, aber wegen des konstanten Bodenkontakts oft von kurzer Lebensdauer.

Ungehobelte Latten und Leisten

Nur in zwei Güteklassen (I und II) gestuft, in beiden sind Rinde und Bast wie auch Kernschiefer, Rot- und Weißfäule sowie Mistelbefall unzulässig.

In *Güteklasse I* ist eine leichte Oberflächenfarbigkeit bis zu 10% zulässig, ebenso kleine Risse, die weder schräglaufend noch durchgehend sind. *Güteklasse II* lässt mittelgroße Risse zu, jedoch nicht durchgehend, wie auch geringe Fraßstellen an der Oberfläche.

Gehobelte Bretter und Bohlen

Geteilt in Güteklasse I bis III. Nicht zulässig in allen Güteklassen sind Rinde und Bast, Kernschiefer, Wurm- und Käferfraß, Rot- und Weißfäule sowie Mistelbefall. Die Größenordnungen von weiteren Merkmalen sind progressiv abgestuft je nach Güteklasse.

Gehobelte Latten und Leisten

Latten und Leisten sind nur in zwei Güteklassen (I und II) erhältlich. Rinde und Bast, Kernschiefer, Rot- und Weißfäule wie auch Mistelbefall sind unzulässig.

In *Güteklasse I* sind weiterhin Ringschäligkeit sowie Wurm- und Käferfraß unzulässig. Kleine Äste bis 2 cm Durchmesser und kleine Risse, weder schräglaufend noch durchgehend, nicht länger als die Lattenbreite, sind erlaubt. Leichte Farbigkeit der Oberfläche bis 10% ist ebenso zulässig. *Güteklasse II* ist eine entsprechende Qualitätsabstufung. Ringschäligkeit, Wurm- und Käferfraß (nur an der Oberfläche) in geringem Maß zulässig. Mittelgroße Risse, jedoch nicht durchgehend. Äste nicht mehr als die halbe Breite der Querschnittsseite, an der der Ast sitzt, sind erlaubt. Farbe ist zulässig, jedoch ohne Angaben zum Ausmaß.

Tipps zum Holzkauf

• Qualitätsware bevorzugen, auf DIN-Normen und entsprechende Güteklassen achten. Auch wenn die DIN-Normen Maßstäbe setzen, ist eine persönliche optische Überprüfung der ausgewählten Holzware zu empfehlen. Zu achten ist auf Wuchsfehler, Rissebildung entlang der Markstrahlen oder am Hirnholz durch zu schnelles Trocknen und Astbildung. Bei längeren Brettern empfiehlt es sich, das Brett der Länge nach zu sichten, um zu sehen, ob es gerade und nicht verdreht ist.

• Vor Arbeitsbeginn ist immer ratsam, die erhältlichen Größen zu prüfen und die Maße entsprechend anzupassen, nicht umgekehrt.

• Benötigte Menge vor Baubeginn kalkulieren und anhand einer Holzliste kaufen oder bestellen.

• Im Fachhandel einkaufen. Ein guter Holzhandel gibt fachliche Beratung, ist in der Lage, die aufgeführten Mengen kostenmäßig zu überschlagen, und kann unter Umständen günstige Alternativen anbieten.

• Bauschnittholz wird in den vorgeschriebenen Größen der DIN-Norm entweder als laufender Meter, als Kubikmeter oder als fertige Stückware verkauft.

• Ungeschnittenes Holz direkt vom Sägewerk wird pro Kubikmeter verkauft.

• Wer viel mit Holz arbeitet, ist gut bedient, einen eigenen Vorrat zu halten.

Holzbau

Für den Heimwerker gilt, vor Arbeitsbeginn den Schwierigkeitsgrad abzuschätzen und abzuwägen, ob die Ausführung im Rahmen des Machbaren liegt. Grundvoraussetzungen sind:
- vertrauter Umgang mit dem gängigen Werkzeug
- Kenntnis einfacher Holzverbindungen.

Zu beachten ist:
- die entsprechende Holzart für die Beanspruchung auswählen
- passende Querschnitte wählen. Es ist zwischen Konstruktionshölzern für Stützen, Pfosten und Balken mit tragender Funktion, Querriegeln, die über oder zwischen Pfosten angebracht sind, und Füll- oder Verblendhölzern wie Lamellen an Pergolen oder Latten an Zäunen zu unterscheiden. Die Fähigkeit, Druck aufzunehmen, ohne die Form zu ändern, ist bei Konstruktionshölzern von großer Bedeutung. Diese Eigenschaft ist nicht nur von der Holzart, sondern auch vom Querschnitt bestimmt. Da bei im Freien verbauten Hölzern die Festigkeit mit der Zeit abnimmt, wird immer mit erheblichen Sicherheitsfaktoren gerechnet.
- Holzverbindungen fachgerecht ausführen.
- Die Bodenverankerung so wählen, dass das Holz keinen bzw. möglichst wenig Bodenkontakt hat.

Viele alte Holzbauten, die wir heute bewundern, wurden mit riesigen Hölzern gebaut. Mit dem heutigen Wissen ist diese Überdimensionierung nicht mehr nötig. Bei neuzeitlichen Bauten werden die notwendigen Querschnitte für die Holzteile durch statische Berechnung ermittelt. Im Garten, wo die Konstruktionen wesentlich einfacher sind, werden allgemeine Erfahrungswerte zur Dimensionierung der Konstruktionshölzer eingesetzt.

Arbeitsschritte
vor Ausführungsbeginn
- Maße vor Ort nehmen, dabei örtliche Gegebenheiten berücksichtigen.
- Maßstabsgerechte Skizze oder Zeichnung fertigen.
- Über die Verbindungsart entscheiden.
- Anhand der Zeichnung die Holzliste erstellen, wie auch die Liste der Metall- und sonstigen Teile.
- Benötigtes Werkzeug in einsatzbereitem Zustand bereithalten.

Vor der Montage bzw. Einbau am Ort
- Vorbereitungsarbeiten wie Roden von Bewuchs vornehmen, Unebenheiten im Boden beseitigen.
- Überprüfung der Waagerechten.
- Fundamentlöcher graben.

Holzverbindungen

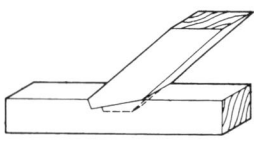

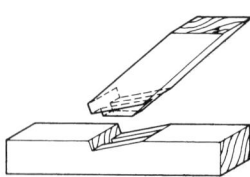

Zimmermannsverbindung – Strebenzapfen mit Versatz – verwendet für die Verbindung der Streben mit den Querhölzern wie in der unteren Zeichnung eingesetzt.

Konstruktionszeichnung eines Einfahrtstors: Die linke Seite zeigt die Innenseite, rechts die Außenseite mit Verbretterung.

Für die Wahl der Holzverbindung sind die zu übertragenden Kräfte ausschlaggebend, aber auch der Charakter des Bauwerks und die Gestaltung spielen eine Rolle. Egal welche Verbindung eingesetzt wird, Ziel ist, eine dauerhafte und stabile Verbindung herzustellen. Von den drei Verbindungsarten eignen sich nur zwei für den Außenbereich:

- Zimmermannsverbindungen und
- ingenieursmäßige Verbindungen, auch mechanische Verbindungen genannt, u.a.:
  - Dübelverbindungen
  - Nagelverbindungen
  - Holzschraubenverbindungen.
- Verleimung scheidet im Allgemeinen wegen des beschränkten Einsatzes im Freien aus. Nur hochwertige Spezialleime, aufgebracht von Fachfirmen in der Werkstatt, können großflächig verwendet werden. Zur Unterstützung einer zimmermannsmäßigen Verbindung kann wasserfester Leim eingesetzt werden.

Während die Teile für Dübel-, Nagel- und Holzschraubenverbindungen in jeder Baufachhandlung erhältlich sind, wird die Zimmermannsverbindung grundsätzlich individuell hergestellt.

Zimmermannsverbindungen

Die traditionellen Zimmermannsverbindungen, entwickelt über einen langen Zeitraum, machen ein großes Verständnis für Holz und seine Eigenschaften deutlich. Durch direkten Kontakt der Holzteile miteinander werden die Kräfte (Zug-, Druck-, Querkraft usw.) von einem Teil zum anderen übertragen. Die Fertigkeit, viele der komplizierten Spezialverbindungen auszuführen, hat in der Regel nur eine Fachkraft. Die Verbindungen sind funktionelle, materialgerechte Teile von großem ästhetischen Wert, gute Beispiele von Form und Funktion. Jede von ihnen wurde für eine bestimmte Situation entwickelt. Auch beim Arbeiten mit grünem Holz kommen traditionelle Zimmermannsverbindungen zum Einsatz, wenn auch nur die einfachen. Von den zahlreichen Verbindungsmöglichkeiten werden im folgenden einige gängige aufgeführt. Die Bezeichnung für die jeweilige Verbindung ist von Region zu Region unterschiedlich, was manchmal zu Verwirrung führen kann. Wer sich in dieses Fachgebiet vertiefen möchte, dem sei empfohlen, eines der Fachbücher zu studieren. Alle Zimmermannsverbindungen

- setzen Verständnis für das Material voraus, d.h. die Kenntnis der statischen Eigenschaften von Holz, die Übertragung und Verteilung von Kräften.
- fordern exaktes Arbeiten. Maßgearbeitet sind die Verschiebungen so gering, dass die Anschlussstellen

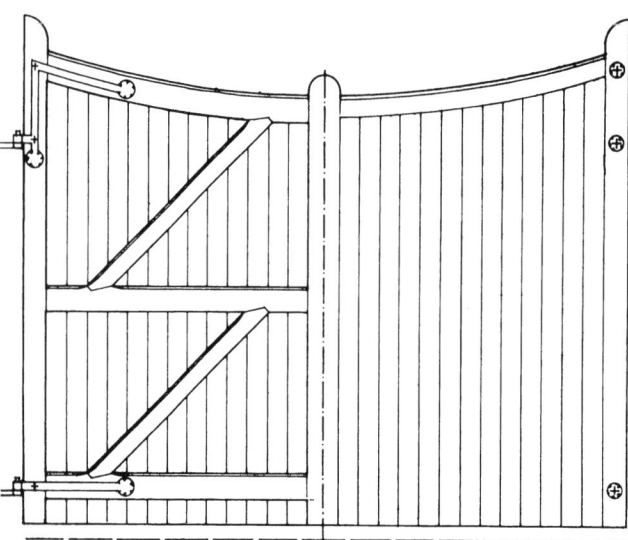

trotz möglichem Schwinden und Quellen vor Witterungseinflüssen geschützt bleiben.

- sind arbeitsintensiv.
- machen größere Holzquerschnitte erforderlich als andere Verbindungsarten. Der Querschnitt von heute erhältlichem Bauholz ist erheblich geringer als früher, wodurch es schwieriger wird, einige Verbindungen auszuführen. Die Kontaktflächen sind durch Nägel, Schrauben oder Bolzen gegen Abheben oder Verschieben zu sichern.

Tipps zur Ausführung

- Schnittlinien mit Winkeleisen vorzeichnen, dann: zweimal messen, einmal schneiden
- Immer mit scharfem Werkzeug arbeiten.
- Schritt für Schritt arbeiten.
- Maße einhalten.

Zusammenfassung der Holzverbindungen

Längsverbindungen
Hier ist die Beanspruchung der Bauteile entscheidend: gerader Stoß, schräger Stoß, versetzter Stoß, gerade Überblattung, Hakenüberblattung, schräge Überblattung, Pfettenstoß.

Quer- und Eckverbindungen
Zapfen (einfache, doppelte durchgehende), Überblattung, Hakenblatt, Kamm, Kreuzkamm, einfacher, abgesetzter Winkelzapfen.

Schrägverbindungen
Die ausgewählte Verbindung hängt von den Kräften und Holzlängen ab: Stirnversatz, Fersenversatz, doppelter Versatz.

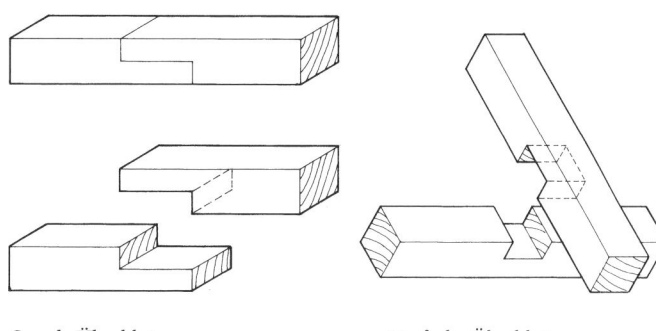

Gerade Überblattung

Einfache Überblattung oder Kreuzblatt

Gängige Holzverbindungen

Stöße
Stoßverbindungen sind die einfachsten Verbindungen, wobei hier die Holzteile nicht miteinander verzahnt werden, sondern lediglich aneinanderstoßen. Variationen sind:

- Stumpfer Stoß, ein gerader Anschluss von Fläche an Fläche im rechten Winkel.
- Schräger Stoß, abgeschrägt im 60°-Winkel.
- Versetzter schräger Stoß, wobei die Hölzer jeweils zur Hälfte der Hirnfläche im 45°-Winkel abgeschrägt aneinanderstoßen.
- Gehrungsstoß, ein stumpfer Stoß für Eckverbindungen, der zusätzlich gesichert werden muss (beispielsweise mit Bauklammern).

Überblattung
Eine Querverbindung, bei der zwei gleich dicke Hölzer übereinandergelegt oder ineinandergefügt werden. Nur Zug- und Druckkraft werden übertragen. Die Variationen dieser Verbindung, angepasst an Funktion und Stärke des Holzes, sind vielfältig.

- Bei der gewöhnlichen Überblattung, auch „gerades Blatt" genannt, wird jeweils zur Hälfte der Höhe und in der Länge die doppelte Höhe beider Hölzer herausge-

1 Schnittlinien in halber Höhe und Länge, entsprechend der Breite des Holzes genau messen und aufreißen.

2 Entlang der Schnittlinie ersten Einschnitt bis zur vormarkierten Tiefe vornehmen.

3 Mit einem Stechbeitel und Klopfholz Schicht für Schicht das Holz entfernen.

4 Feinarbeit mit Handführung vornehmen, bis der gewünschte Ausschnitt erreicht ist. Vorgang auf der anderen Hälfte wiederholen.

schnitten. Die Hölzer werden bündig aufeinander gesetzt.

• Die einfache Überblattung, auch „Kreuzblatt" genannt, gibt es im rechten und im schiefen Winkel. Die oberen und unteren Teile sind zur Hälfte ausgeschnitten und fügen sich so ineinander.

• Das Eckblatt, auch „Halbecküberblattung" genannt, wird häufig verwendet. Hier werden die Hölzer jeweils zur Hälfte der Höhe und Breite ausgeschnitten. Diese Verbindung ist auf jeden Fall gegen Verdrehung zu sichern.

• Verkämmung, auch Überblattung, Überschneidung. Von den bei-

den Hölzern wird nur eines zur Hälfte in der Höhe angeschnitten, das obere Holz fügt sich in vollem Querschnitt in die Aussparung. Während Druck- und Zugkräfte aufgenommen werden, ist die Verbindung nicht gegen Seitenschub oder Abheben gesichert und muss entsprechend befestigt werden (s. Spielhütte, Seite 67 ff).

• Gerade Hakenüberblattung, auch „gerades Hakenblatt" genannt. Eine sehr stabile Verbindung als Weiterentwicklung der Überblattung, bei der die Hölzer ineinander verzahnt sind. Sie nimmt Druck- und Zugkräfte in Längsrichtung auf, Längsverschiebung wird verhindert.

Zapfenverbindungen

Hierbei handelt es sich um eine sehr stabile, häufig angewendete zweiteilige Verbindung, bestehend aus einem Zapfen und dem Zapfenloch. Die Hölzer werden entweder als Längs-, T- oder Eckverbindung ineinander gefügt. Für die Konstruktion im Freien werden hauptsächlich T- und Eckverbindungen verwendet. Das Zapfenloch sollte mindestens 0,5 cm tiefer sein als die Zapfenlänge, um eine Veränderung der Druckübertragung durch Schwinden und Quellen zu berücksichtigen.

T-Verbindungen: Hier wird ein Holz mit als Zapfen gearbeitetem Ende in eine genau ausgemessene und herausgearbeitete Aussparung gesteckt. Wenn beide Hölzer gleich dick sind, beträgt die Breite des Zapfenlochs ein Drittel vom Holz. Das Hirnholz des Pfostens ist durch das daraufliegende Teil geschützt.

- Der gerade Zapfen ist eine versteckte Verbindung und nach der Fertigung schwierig zu überprüfen. Für eine lange Lebensdauer muss die Verbindung fachmännisch ausgeführt werden (siehe Abbildung rechts).
- Der durchgehende gerade Zapfen – gelegentlich auch mit Keilen, die lose eingesetzt und eingetrieben werden – ist in vielen Fällen im Freien besser geeignet als der gerade Zapfen (s. Abb. S. 130 oben)

Eck-Verbindungen: Der einfache, abgesetzte Winkelzapfen ist schwächer als eine T-Verbindung und nicht für den Außenbereich zu empfehlen.

- Der Scherzapfen ist eine einfache Verbindung für Ecken, z.B. an Spalieren, und wird traditionell für Sparrenstöße am First eingesetzt.

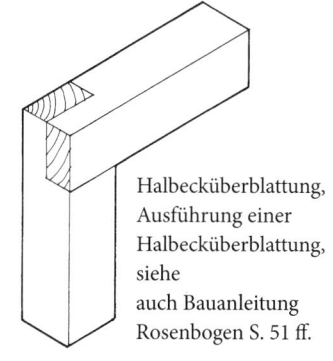

Halbecküberblattung, Ausführung einer Halbecküberblattung, siehe auch Bauanleitung Rosenbogen S. 51 ff.

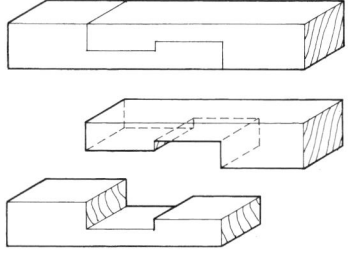

Gerade Hakenüberblattung

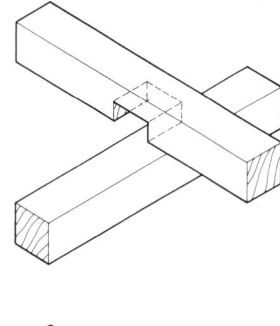

Überschneidung

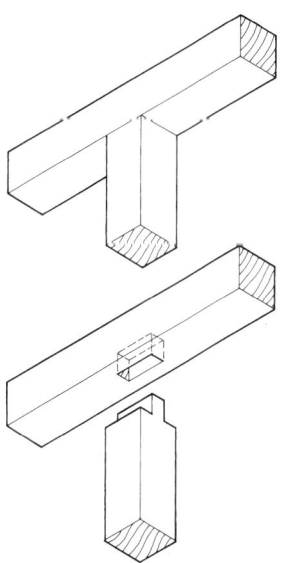

Gerader Zapfen

Heute werden viele Zapfen gefräst bzw. maschinell gestemmt und nicht, wie bei der traditionellen Methode, ausschließlich mit einem Klopfholz und Stemmeisen gefertigt. Die Zapfenlänge hängt von der Holzbreite des Passstücks ab, die Zapfendicke beträgt in der Regel ein Drittel der Holzbreite.

Versatzung

Für Dachkonstruktionen wird die Versatzung als schräge Verbindung zwischen Sparren und Balken oder Pfosten ausgearbeitet. Die beiden Hölzer bilden einen Winkel. Die Einschnitttiefe und der Winkel hängen von den zu übertragenden Kräften sowie dem Querschnitt der Streben ab und werden berechnet. Von den vielen Variationen dieser Verbindung sind hier nur die gängigsten genannt.

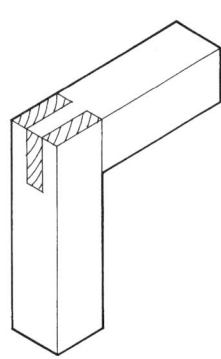

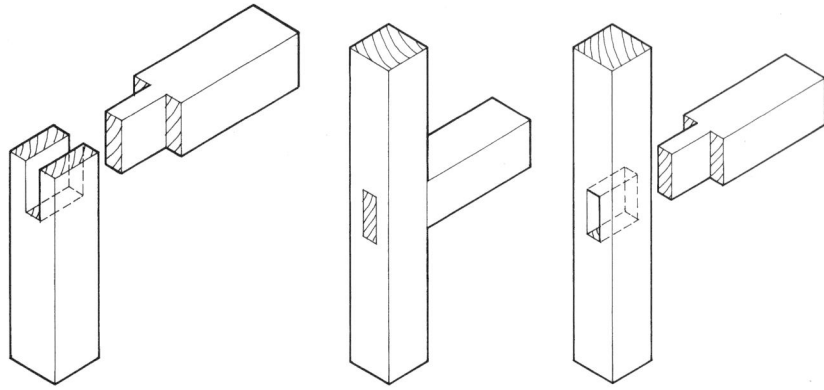

Scherzapfen: Die Zapfenlänge entspricht der Holzbreite, die Zapfendicke einem Drittel der Holzbreite

Durchgehender Zapfen

Stirnversatz aus zwei Hölzern mit demselben Querschnitt. Die Streben stoßen im vorberechneten Winkel an der Stirn ein Sechstel tief in die Balken bzw. die Pfette ein.

Fersenversatz, auch Rückversatz genannt. Besteht aus einem schrägen Schnitt, mit der Stirn im rechten Winkel zur Achse des antreffenden Holzes.

Doppelter Versatz, auch Stirn- und Fersenversatz genannt, wird für den Anschluss von großen Druckkräften ausgearbeitet. Er ist aufwendig herzustellen, die Tiefe der Versatzeinschnitte wird rechnerisch ermittelt.

Alle Versätze werden durch einen Schraubenbolzen oder beidseitig angebrachte Bauklammern gesichert. Zur Durchführung eines identischen Anschnitts bei sich wiederholendem Versatz empfiehlt es sich, eine Schablone mit genauen Winkelangaben zu fertigen. Zur Sicherung gegen seitliche Verschiebungen werden Heftbolzen, Lochblechplatten oder Brettlaschen angebracht.

Kreuzverbindung
Auch Überklauung, Klauenverbindung oder einfache Kerve genannt. Sie bildet auf die volle Breite der Sparren eine sitzende Verbindung, die in ihrer Winkelneigung und Größe passgenau ausgeführt werden muss.

Zinken
Eine Eckverbindung, bei der zwei Teile im rechten Winkel durch Verzahnungen miteinander verbunden werden. Eingesetzt für jede Form von Kastenbau, z.B. für Sandkästen, Frühbeete usw.

Bretterverbindungen
Auch Breitenverbindungen genannt, angewendet für Verkleidung und Verschalung, horizontal oder vertikal anzubringen: In einfachster Form stumpf gestoßen, Brett an Brett durch Nägel, Klammern oder Schrauben gesichert. Abwandlungen sind:
- Stumpfer Stoß mit Querleisten, die in einfachster Form auf die Bretter aufgenagelt, ansonsten passgenau in eine Führung geschoben werden.
- gefalzt, überfalzt
- gespundet
- Nut-und-Feder.

Bei bündigen Flächen das Quellen und Schwinden des Holzes mit berücksichtigen.

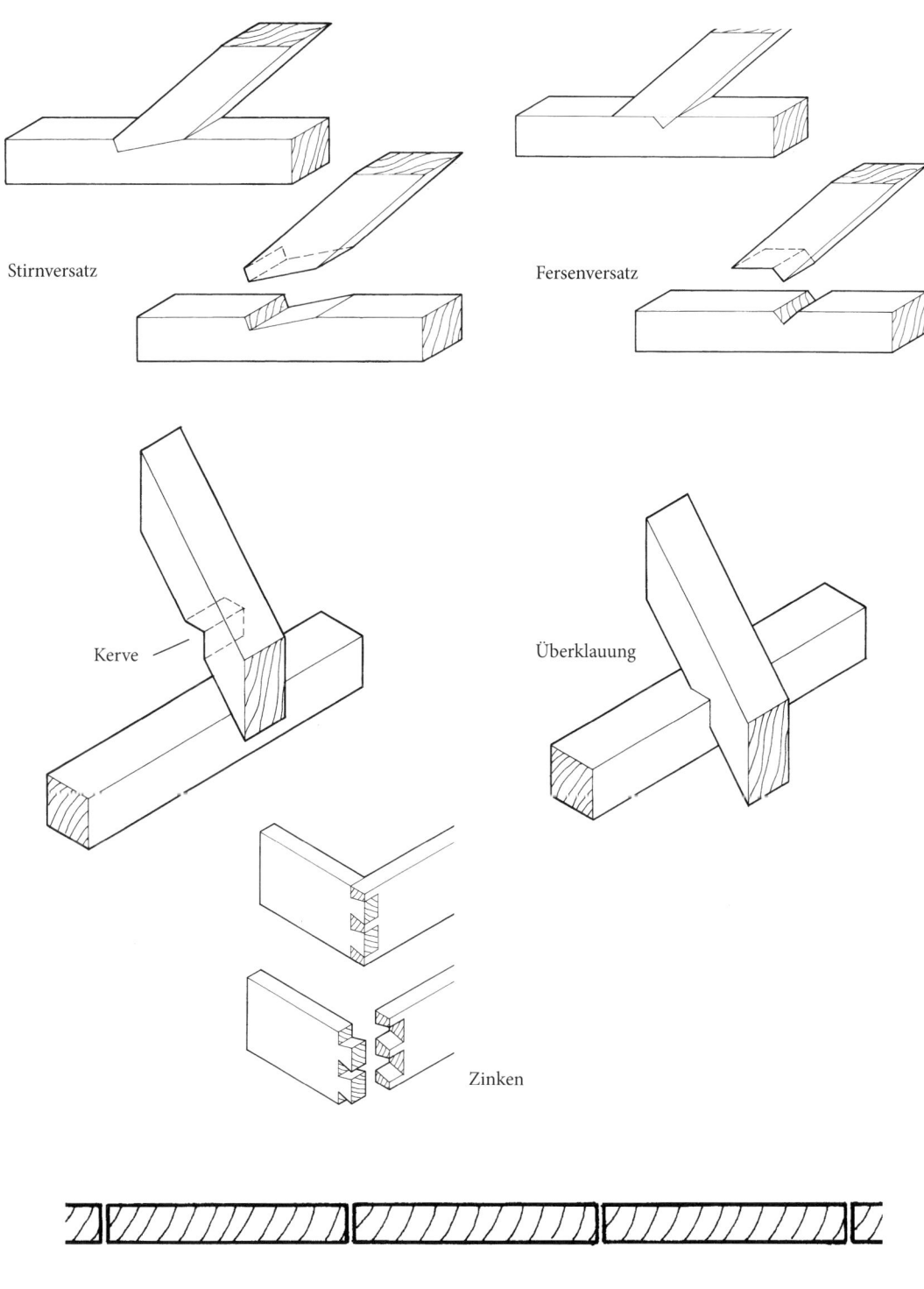

Stirnversatz

Fersenversatz

Kerve

Überklauung

Zinken

Bretterverbindungen:
Oben: stumpf gestoßen, unten: gefalzt

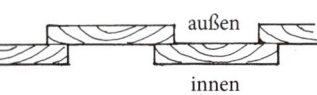

außen

innen

Deckelschalung

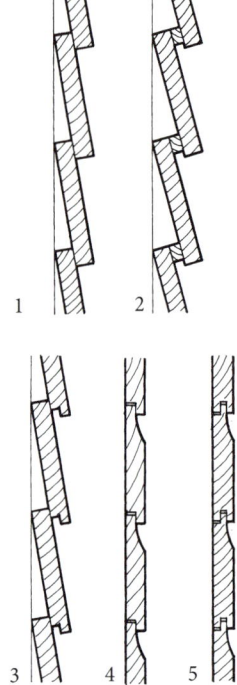

1   2

3   4   5

Schalungen

1 einfache Rollschalung,
  auch Stülpschalung genannt
  (für das Dach der Spielhütte
  S. 67 f. verwendet)
2 Rollschalung mit Latten
3 Rollschalung mit Tropfnase
4 Falzschalung
5 Spundschalung mit Tropfnase (Wasserschlag-
  schalung)

Deckenleistenschalung

132

Schalungen

Schalungen werden sowohl zur Dach-deckung wie auch für Außenwand-verkleidungen eingesetzt.

- Stülpschalung, auch Rollschalung genannt, ist eine waagerechte Au-ßenverkleidung. Die Bretter über-decken sich und sind leicht nach außen gestellt, wobei der Zwischen-raum zwischen dem Unterbauholz und Rücksitz der Schalung die Brei-te des Brettes beträgt.

- Deckelschalung wird oft bei Bret-terzäunen verwendet. Die Bretter werden mit ca. halber Brettbrei-te Abstand aufgenagelt. Darüber sitzen Bretter der gleichen Breite, die das darunterliegende Brett 2,5 bis 3,5 cm überdecken. Als Krie-cher (Schlupfer) werden die unte-ren Bretter, als Deckel (Decker) die oberen bezeichnet. Die Kernseite wird immer nach außen gerichtet und an den Unterbauhölzern mit Nägeln befestigt.

- Gefugte Schalung: Die Bretter sto-ßen stumpf aneinander; eine sehr einfache und nicht besonders wind-dichte Verschalung.

- Stumpfer Stoß mit Deckleiste, auch Deckleisten-Verbretterung oder ge-fugte Schalung mit Deckleisten ge-nannt. Die senkrechten Bretter sind mit Fugen nebeneinandergesetzt, wobei 3 bis 7 cm breite Leisten über die Stoßstelle genagelt werden.

- Gefalzte Schalung, Falzschalung: Durch das Ineinanderfügen der Bretter mit Hilfe von Falzen ist ein großer Grad von Winddichte und Zusammenhalt gewährleistet. Die Falze können maschinell oder von Hand ausgeführt werden.

188

188 Holzschindeln: leicht, wärmedäm-mend und ästhetisch, hier rund gefasste Segmente.

Außenverkleidung aus Schindeln

Holzschindeln werden zur Dachde-ckung oder Wandverkleidung aus Western Red Cedar, Fichte, Tanne, Lärche, Eastern White Cedar, Zeder oder Eiche gesägt und/oder gespal-ten. Sie sind gleich breit, aber keilför-mig in der Dicke, d.h. unten vier- bis sechsmal stärker als oben. Die Wand-schindeln sind in verschiedenen Ma-ßen, gerade oder gebogen, erhältlich. Dachschindeln sind nach DIN 68119 genormt, 30 bis 60 cm lang und 10 bis 35 cm breit. Sie werden von un-ten nach oben in versetzten Reihen an die Unterkonstruktion genagelt. Wäh-rend Dach- und Wandschindeln bei historischen Bauten anzutreffen sind, werden sie recht selten für Neubauten eingesetzt. Im Garten stellen Schin-deln oft eine ideale, sehr gefällige Ver-kleidung für Gartenhäuser und kleine Bauten dar.

Gängige Maße sind		
Breite	Länge	Dicke
5 - 8 cm	16 - 18 cm	1 - 6 mm
7 - 35 cm	41 - 46 cm	1,5(2,5)-10(12) mm

Holzdübel

Holzdübel oder auch Holznägel genannt, sind zylindrische Hölzer, in der Regel aus Eiche, die in ein vorgebohrtes Loch als zusätzliche Verbindung eingeschlagen werden. Holznägel werden in Kombination mit zimmermannsmäßigen Verbindungen eingesetzt, um diese gegen Abheben oder Verschieben zu sichern. Überstehend oder bündig schaffen diese eine stabile und dauerhafte Verbindung. Heute ersetzen meist Stabdübel aus Metall die Holzdübel.

Ingenieurmäßige Verbindungen

Heutzutage haben die ingenieurmäßigen Verbindungen die traditionellen zimmermannsmäßigen Verbindungen in vielen Fällen ersetzt. Sie sind schneller auszuführen, erfordern weniger handwerkliches Geschick, sind angepasst an die Standard-Holzquerschnitte und verfügen über die notwendige tragfähige Verbindung. Bei sämtlichen aufgeführten Metallverbindungen ist auf einen Korrosionsschutz zu achten, nur feuerverzinkte Messing- oder in Ausnahmen teure Edelstahlverbindungen sind einzusetzen. Im Freien empfiehlt es sich, die ingenieurmäßigen Verbindungen wegen der Witterungseinflüsse eher in Kombination mit den traditionellen zimmermannsmäßigen Verbindungen einzusetzen.

Dübelverbindungen

Dübel sind besonders geformte Teile aus Leichtmetall, Stahl und Temperguss. Voraussetzung für ihren Einsatz ist Holz von mindestens Güteklasse II. Bei den Dübeln besonderer Bauart wird je nach Einbaumethode unterschieden zwischen:

- Einlassdübel: In Vertiefungen gesetzt und verwendet bei Nadel- und Laubhölzern.
- Einpressdübel: Mit einem Schlagring einzutreiben, nur verwendet bei Nadelhölzern. Erhältlich je nach Einsatzgebiet mit ein- oder zweiseitigen Verzahnungen. Zu dieser Gruppe gehören Geka- und Bulldogdübel.
- Einlass- und Einpressdübel.
- Stabdübel und Bolzen: Stabdübel werden häufig für tragende Verbindungen eingesetzt. Die Bohrlöcher sind entsprechend dem Nenndurchmesser des Stabdübels vorzubohren. Mindestens 4 Stabdübel mit oder ohne Kopf und Mutter, sog. Passbolzen, sind zu verwenden. Die Schraubenbolzen sind fest anzuziehen und müssen nach einiger Zeit, falls das Holz geschwunden ist, nachgezogen werden. Um die Klemmwirkung zu sichern, sind die Unterlegscheiben auf der Kopf-

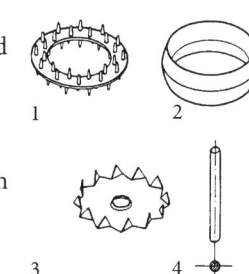

Dübelverbindungen:

1 Einpressdübel
2 Einlassdübel
3 Einpressdübel einseitig
4 Stabdübel

Nagelgrößen und Holzdicken nach DIN 1052		
Drahtnägel mit Senkkopf nach DIN 1151	Verwendung für Holzdicken in mm	
	von / bis	bevorzugt für
28 × 65	20 - 22 mm	
31 × 70	20 - 24 mm	22 mm
34 × 90	20 - 28 mm	22, 24 mm
38 × 100	24 - 35 mm	26, 28 mm
42 × 100	26 - 40 mm	30, 35 mm
46 × 130	30 - 50 mm	40 mm
55 × 140	40 - 60 mm	40, 50, 55 mm
60 × 180	55 - 70 mm	60 mm
70 × 210	60 - 80 mm	70 mm
75 × 230	70 - 80 mm	80 mm
80 × 260	80 mm	

nach Richard Lehr: Taschenbuch für den Garten. Landschafts- und Sportplatzbau. Berlin 1997

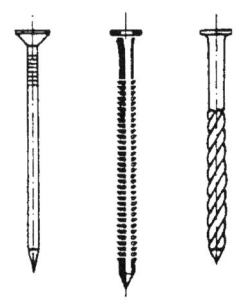

Nagelverbindungen von links nach rechts: Drahtnagel, Rillennagel, Schraubnagel

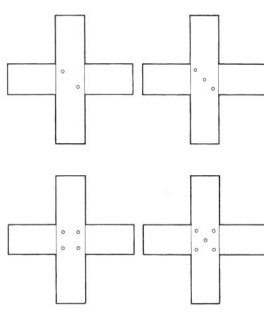

Die Anordnung von Nägeln bei einer Verbindung mit 2, 3, 4 und 5 Nägeln

und Mutterseite anzuordnen. Die Unterlegscheiben sollen sich beim Anziehen der Bolzen nicht ins Holz eindrücken, weshalb nur großflächige Unterlegscheiben nach DIN 1052 verwendet werden sollen.

Nagelverbindungen

Nägel sind seit langem als Verbindung gebräuchlich. Sie werden in erster Linie auf Zug und Abscheren beansprucht. Je nach Situation und Beanspruchung werden aus dem umfangreichen Sortiment u.a. Drahtstifte, Rundmaschinenstifte und verschiedene andere Arten ausgesucht. Die Benennung erfolgt durch Angabe der betreffenden DIN-Nummern (z.B. DIN 1151 Drahtstifte) sowie des Durchmessers (in 1/10 mm) × Länge (in mm). Die Tabellen der DIN 1052 geben wertvolle Richtwerte für Nagelgröße und Holzdicke.

Nägel bis ca. 90 mm Länge werden mit einem Latthammer eingeschlagen, der ca. 600 g schwer ist. Je nach Länge wird ein entsprechender Universalhammer (bzw. Schlosserhammer) verwendet (z.B. bei einer Nagellänge von ca. 210 bis 310 mm 1500 bis 2000 g Hammergewicht).

Nägel	Hammer
< 90 mm	ca. 600 g
90 - 160 mm	ca. 1000 g
180 - 310 mm	ca. 1500 - 2000 g

Arbeiten mit Nägeln

- Nägel, die schräg eingeschlagen werden, ergeben eine stabilere Verbindung.
- Überstehende Nägel über einen liegenden Nagel biegen und ins Holz zurückklopfen, nicht flach in die Oberfläche des Holzes klopfen.
- Schweren Hammer für große Nägel, leichten Hammer für kleine Nägel verwenden. Gerade zielen, Holzbeschädigungen vermeiden.
- Aufplatzen des Holzes vermeiden. Nägel weder dicht nebeneinander in eine Holzfaser noch zu nahe am Hirnschnitt oder an den Seitenkanten einschlagen. In den Randbereichen empfiehlt es sich manchmal, die Hölzer vorzubohren:
- Bohrer-Durchmesser = Nagel-Durchmesser × 0,8 (z.B. 13-mm-Bohrer für 16-mm-Nagel).
- Nagelabstand berücksichtigen. Die Spaltgefahr hängt vom Nageldurchmesser ab. Bei einfachen Nagelver-

Rechts:
Ein Ausschnitt aus der breiten Palette von Stahlblechformteilen u.a.: Lochplatten, Flachverbinder, Winkelverbindung, Balkenschuh

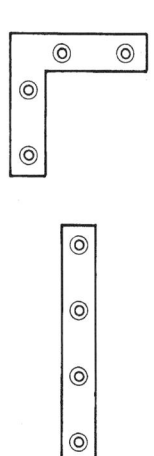

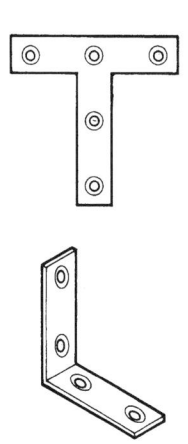

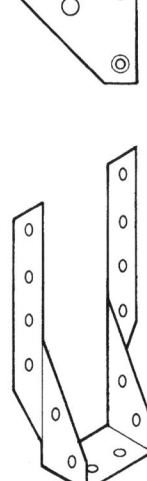

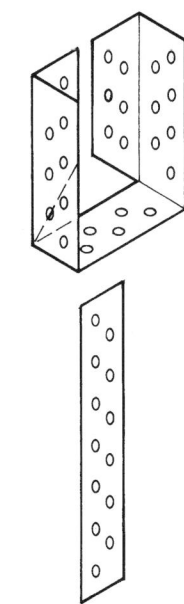

bindungen von zwei Teilen Nägel diagonal einschlagen, bei vier Nägeln diese im Quadrat oder Rechteck anordnen.

Nagelverbindungen mit Stahlblechformteilen

Mit Stahlblechformteilen lassen sich Hölzer schnell und einfach miteinander verbinden. Die Formteile haben die zimmermannsmäßigen Verbindungen in vielen Fällen ersetzt, da für ihre Montage nur wenig Geschicklichkeit und kaum Vorkenntnisse erforderlich sind. Die Verbindungselemente selbst sind allerdings von geringem optischen Wert. Es handelt sich um feuerverzinkte Bleche, die je nach Format in Dicken von 2 bis 3 mm, mit vorgebohrten Löchern und in vielen Formen, passend zu den Holzquerschnitten und dem Belastungsgrad erhältlich sind.

Spezielle Kamm- oder Rillennägel werden fachgerecht und ohne Vorbohrung in das Holz eingeschlagen. Je nach Anzahl der Scherflächen spricht man von ein-, zwei-, drei- oder mehrschnittigen Scherflächen.

Stahlblechformteile sind in der Regel nur an Hölzern mit ebenen Flächen, wie z.B. Kanthölzern, anzubringen. Mittlerweile gibt es die Holzverbinder auch für Rundhölzer. Sie eignen sich gerade für Pferdekoppeln und Zäune gut. Aus dem umfangreichen Sortiment sind die folgenden für eine Verwendung im Freien geeignet (Abb. gegenüber und Tabelle Seite 133).

Lochplatten	rechteckig		in allen Größen erhältlich von 10 × 100 mm in Abstufungen bis 40 × 500 mm
Flachverbinder	rechteckig		in Dicken von 2,5 und 3 mm, u.a. 180 × 40 × 3 mm 180 × 65 × 2,5 mm 210 × 90 × 3 mm
Lochplattenwinkel	Winkellängen		Breite
	40 × 40 mm		60 mm
	60 × 60 mm		60, 80, 100 mm
	80 × 80 mm		60, 80, 100 mm
	100 × 100 mm		40, 60, 80, 100 mm
	125 × 125 mm		40 mm
Winkelverbinder	Eine der wichtigsten Verbindungen; vielseitig einzusetzen; Blechstärken von 2,5 bis 3 mm		
	70 × 70 mm		55 mm
	90 × 90 mm		65 mm
	105 × 105 mm		90 mm
	93 × 93 mm		40 mm
Balkenschuh	Verwendet im Lauben- und Pergolabau, an die Stütze verschraubt, Pfetten liegen in Schuhen; Blechstärke 2 mm		
	Höhe		Breite
	100 mm		40, 60 mm
	120 mm		80 mm
	140 mm		100 mm
	160 mm		120 mm
Nagel- und Stirnverbinder	Blechstärke 2,5 und 3 mm, Universalverbinder; auch Vielzweckverbinder genannt		
Gerberverbinder	Für (tragende), nicht unterstützte Längsstöße von Traghölzern. Erhältlich in verschiedenen Größen. Tiefe bei genannten Längen 25 mm.		
	Länge		Breite
	100 mm		89 mm
	140 mm		110 mm
	180 mm		125 mm
Balkenträger	Auch Pfettenauflager genannt; wird im Führungsschlitz passgenau montiert und mit Stabdübeln befestigt. Eine nicht sichtbare Verbindung, erhältlich in verschiedenen Größen. Anwendung: - im Zaunbau als Verbindung von Querriegeln mit Pfosten - zur Befestigung von Spalieren an Mauerwerk		

Klammerverbindungen

Mit Klammerverbindungen können einfache, nichttragende Teile schnell aneinander befestigt werden, beispielsweise die Lamellen und Verblendungen einiger Zaun- und Sichtschutzteile. Die Stahldrahtklammern werden mit einem Spezialgerät ins Holz geschossen, bilden jedoch keine starke Verbindung und sind nicht sehr dauerhaft.

Holzschrauben und Bolzen

Holzschrauben aus Messing, Aluminium, Flussstahl oder nichtrostendem Stahl sind gute Verbindungsmittel für zimmermannsmäßige Verbindungen. Sie dürfen nicht mit einem Hammer eingetrieben werden. Um im Freien eine dauerhafte Verbindung herzustellen, sollten die tragenden Schraubenverbindungen sehr präzise ausgeführt werden. Je genauer das Bohrloch auf die Schraubenlänge und den Querschnitt abgestimmt wird, desto höher ist die Belastbarkeit. Wenn das Loch im Kernquerschnitt und in etwa halber Länge der Holzschraube vorgebohrt ist, wird die Schraubenkopfver-

senkung ausgeführt. Danach schraubt man die Holzschraube ein. Verwendet werden:

- Halbrundholzschrauben mit Längsschlitz DIN 96.
  Senkholzschrauben mit Längsschlitz DIN 97
- Sechskant-Holzschrauben DIN 571 (In Längen von 7 bis 300 mm und einem Durchmesser von 1,7 bis 20 mm erhältlich.)
- Bolzen DIN 601
  Bolzen (DIN 601), Sechskant- (DIN 571), Schloss- (DIN 603) und Steinschrauben (DIN 529) sind alle nur mit Unterlegscheiben zu befestigen, sonst wird das Holz beschädigt und die Festigkeit der Verbindung dadurch gefährdet. In der Benennung werden DIN-Nummer, Durchmesser und Länge angegeben.
- Schraubbolzen sind eine durchgehend stabile Verbindung, angewendet bei dicken Hölzern, beispielsweise im Pergolabau. Die Löcher werden vorgebohrt, wobei Anzahl und Abstand durch den Holzquerschnitt und durch die zu übertragende Kraft bestimmt sind.

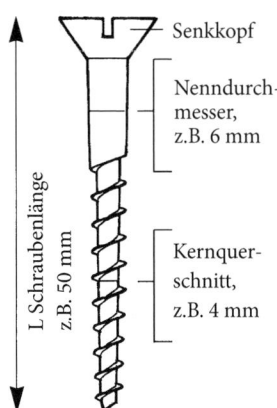

Senkkopf

Nenndurchmesser, z.B. 6 mm

Kernquerschnitt, z.B. 4 mm

L Schraubenlänge z.B. 50 mm

Bestellbeispiel für Schrauben 6 × 50:
Nenndurchmesser 6 mm,
Bohrer-Durchmesser ca. 4,5 mm
Schraubenlänge 50 mm

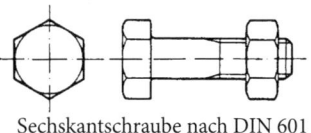

Sechskantschraube nach DIN 601

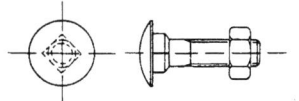

Flachrundschraube mit Vierkantansatz nach DIN 603 (Schlossschraube)

Bodenverankerung

Bodenverankerungen aus Metall, auch Pfostenschuhe oder Pfostenanker genannt, schützen Holzpfosten oder Stützen vor Bodenfeuchtigkeit und Kapillarwasser, übernehmen gleichzeitig aber auch tragende Funktion. Das Schuhende wird in einem entsprechend dimensionierten Betonfundament (B15) eingelassen. Das Rund- oder Kantholz wird in den Schuh eingesetzt und mit feuererverzinkten Schrauben befestigt. Der Vorteil dieser Einbaumethode besteht darin, dass preisgünstige und weniger dauerhafte Hölzer Verwendung finden können, die für einen direkten Bodenkontakt nicht geeignet sind.

Passend zum Holzquerschnitt und zur Situation ist eine breite Palette von Pfostenankern erhältlich, die beispielsweise im Pergola-, Lauben- und Zaunbau eingesetzt werden.

Bodenverankerungen

Typ	Pfosten-einsatz	Pfosten-länge	Pfosten-einstand	Anmerkung
U-Anker	7 × 7 cm		40 cm	Material 5 mm dick
H-Form	12 × 12 cm	60 cm	30 cm	
	11 × 11 cm	60 cm	30 cm	
	9 × 9 cm	60 cm	30 cm	
	5 × 5 cm	60 cm	30 cm	Material 6 mm dick
Standfuß oder U-Pfosten-lasche	12 × 12 cm	20 cm	20 cm	zum Aufdübeln, direkt auf die Fläche oder das Mauerwerk seitlich geschraubt
	11 × 11 cm	20 cm	20 cm	
	9 × 9 cm	20 cm	20 cm	
Pfostenträger U-Form	9 × 9 cm	10 cm	10 cm	Leichte Version für niedrige Zäune
Bodenhülse	9 × 9 cm	75 cm		In verschiedenen Ausführungen, feuerverzinkt zum Einschlagen mit einem Hammer; anschließend werden die Pfosten eingesetzt und mit passenden Schrauben befestigt.
	7 × 7 cm	75 cm		
Verstellbar für Rundhölzer	9 × 9 cm	75 cm		Der Pfosteneinsatz lässt sich drehen.
mit Durchmesser	101 mm	60 cm	15 cm	Auch als Dübelplatte erhältlich
Aufschraub-hülsen für Rundpfosten		15 cm		Dübelplatte 150 × 150 mm, Durchmesser 101 mm
Bodensteck-anker				Mittig im Pfosten einzusetzen, feuerverzinkt, Domlänge 15 cm für Pfosten bis 105 cm Länge.

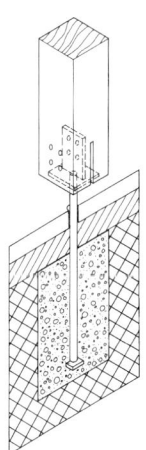
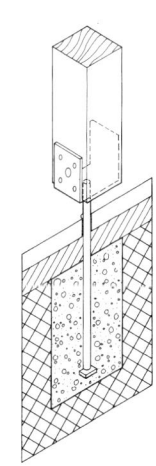
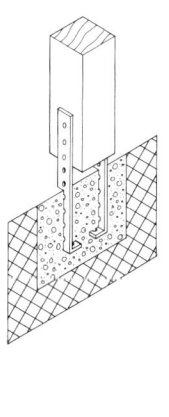

Schemazeichnung: Pfostenschuh in Betonfundament:
- U-Eisen,
- T-Eisen,
- Bandstahl beidseitig eingelassen, Fundamenttiefe nach örtlicher Frosttiefe und statischer Berechnung.

Holzschutz

Ein Schutz des Holzes ist notwendig, um Pilzen und anderen Schädlingen die Lebensbedingungen zu entziehen. Insbesondere bei Zaunteilen muss Wasser schnell vom Hirnholz abgeleitet werden. Die Ausbildung von Lattenköpfen, wie unten abgebildet, ist deshalb nicht nur dekorativ. Passend zur Zaunart können Pfosten abgeschrägt, gefast oder mit Abdeckplatte und Kugel versehen werden, ebenso gespitzt, in Dachform oder gerundet.

Die Kombination von extremer Witterung und Bodenkontakt im Freien geht an keinem Holz spurlos vorüber. Obwohl Patina und eine in beschränktem Umfang angegriffene Oberfläche den Charakter von Holz im Garten bereichern können, sollte Holz auch im Garten natürlich nicht vorzeitig schadhaft werden.
Die Hauptprobleme sind:
- Fäulnis durch Eindringen von Feuchtigkeit, verursacht entweder durch Bodenfeuchtigkeit, Taunässe oder Regen.
- Risse, die entweder bereits im Holz vorhanden sind oder durch Schwinden und Quellen des Holzes verursacht werden. Alle Risse erhöhen die Gefahr des Insekten- und Pilzbefalls und lassen Feuchtigkeit eindringen.
- Befall durch Insekten und Pilze.

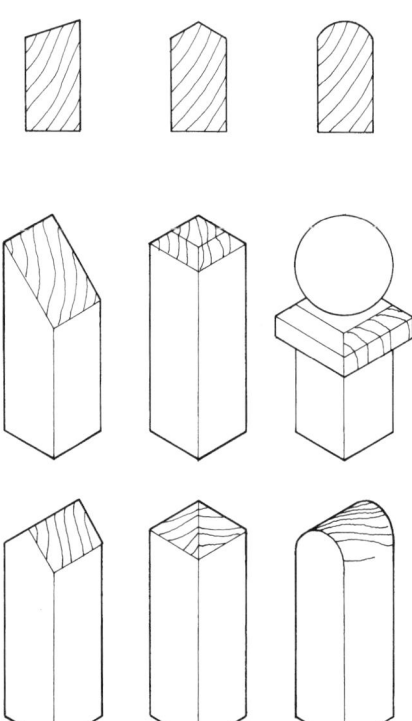

Konstruktiver Holzschutz

Unabhängig von der Holzart, die verwendet wird, kann auf konstruktiven Holzschutz – auch baulicher Holzschutz genannt – nicht verzichtet werden. Jahrzehnte alte Feldzäune, Tore und Sitzbänke, die nur durch eine fachgerechte Ausführung, ohne zusätzliche Schutzmittel, immer noch ihren Zweck erfüllen, zeigen, dass unbehandeltes Holz auch im Freien eine lange Lebensdauer haben kann.
Jede Holzart hat eine unterschiedliche Härte und unterschiedliche Widerstandsfähigkeit. Durch ihren Aufbau und Wuchs sind manche Holzsorten gefährdeter als andere (siehe S. 111 ff.). Die Verwendung von minderwertigem Holz mit einem höheren Anteil an Fehlern, nicht ausreichend getrocknetes oder auch falsch gelagertes Holz bieten schlechte Voraussetzungen für ein langes Leben.
Werden die Grundregeln befolgt, kann durch konstruktiven Holzschutz die Lebensdauer von Holzbauwerken erhöht und der Pflegeaufwand reduziert werden.
Zu beachten ist:
- Das passende Holz für die jeweilige Funktion wählen. Es ist durchaus möglich, verschiedene Holzarten in einem Objekt zu kombinieren, z.B. bei einem Zaun Hartholz für die Pfosten mit Bodenkontakt und Weichholz für die Querriegel und Latten einzusetzen.
- Eine fachgerechte, sorgfältige Bauweise, bei der vor allem auf folgendes geachtet wird:
  - Wasser muss schnell ablaufen, am Hirnholz durch schrägen Anschnitt. Staunässe vermeiden durch Anbringung von Tropfnasen, Tropflöchern und Tropfkanten.
  - Direkten Bodenkontakt vermeiden durch Einsetzen der Pfosten in Metallschuhe.

- Ausreichenden Dachüberstand bei Lauben, Gartenhäusern usw. vorsehen, um die seitlichen Wände zu schützen.
- Gute Qualität von korrosionsfreien Verbindungsteilen, Nägeln, Holzschrauben usw. verwenden.

Umweltverträgliche Holzschutzmittel

Bis vor kurzem waren chemische Holzschutzmittel sehr gebräuchlich. Mit zunehmendem Umweltbewusstsein wurde klar, dass ihr Schaden oftmals weitaus größer als ihr Nutzen ist, wenn nämlich giftige Bestandteile der Holzschutzmittel in den Boden oder gar in das Grundwasser gelangen. Mittlerweile bieten eine Reihe von Firmen umweltverträgliche Holzschutzmittel an. Die Gebrauchshinweise sind meist ausführlich: Sie geben Hinweise auf den Einsatzort wie auch den erforderlichen Feuchtigkeitsgehalt des Holzes und erwähnen auch, ob eine weitere Behandlung bzw. Kombination mit anderen Produkten notwendig ist.

Wer sich detailliert mit dem Thema auseinandersetzen möchte, dem sei das E-Book „Holzschutz ohne Gift" von Peter Weissenfeld und Holger König empfohlen; direkt beim Verlag unter: https://oekobuch.de/buecher/holzschutz-ohne-gift

Lasurfarbanstrich

Wer das Holz farbig gestalten möchte, die Struktur des Holzes aber optisch erhalten will, dem ist eine Lasur anzuraten. Ein dünner Schutzfilm wird über das Holz gezogen, der den Feuchtigkeitsaustausch weiterhin zulässt. Die Farbe blättert oder wittert nicht ab. Erhältlich in einer breiten Palette von Farbtönen, wird das Holz durch den Anstrich gefärbt. Zwischen dem ersten und dem zweiten Auftrag muss eine Trockenzeit – je nach Witterung – von mehreren Tagen einkalkuliert werden. Eine Wiederholung des Anstrichs ist ohne große vorbereitende Maßnahme möglich.

Deckende Anstriche

Je nach Bindemittel stehen verschiedene Anstrichsysteme zur Wahl. Welches verwendet wird, hängt von der Beanspruchung, der Holzart, dem Pflegeaufwand und den optischen Anforderungen ab. Unter anderem eignen sich:

- Ölfarbensysteme: die klassische Anstrichart mit Leinöl als Bindemittel; trocknet langsam, von einem Anstrich zum nächsten erhöht sich der Ölgehalt. Bis vor kurzem vom Kunstharzsystem verdrängt, sind pflanzliche Ölfarben wieder im Kommen. Wie lange der Anstrich hält, ist von der Bewitterung abhängig, seine Erneuerung ist arbeitsintensiv und aufwendig: Die Farbe kann nicht einfach über den alten Anstrich gelegt werden, sondern man muss zuerst die alte Schicht entfernen. Gelangt Feuchtigkeit unter die Farbe, kann dies Fäulnis verursachen.

- Dispersionsanstrich: Diese Anstriche haben den Vorteil, dass sie rasch trocknen, wasser- und vergilbungsbeständig sind und gut haften. Aufgebaut auf Wasserbasis, ist der Auftrag auf relativ feuchtem und sägerauhem Untergrund möglich. Dispersion ist für Holzbauteile im Garten geeignet, jedoch nur in matt oder seidenmatt ausführbar. Die Nachbehandlung erfolgt alle 3 bis 5 Jahre, ohne aufwendige Vorbehandlungen, sofern die Schäden durch Witterungseinfluss nicht zu groß sind.

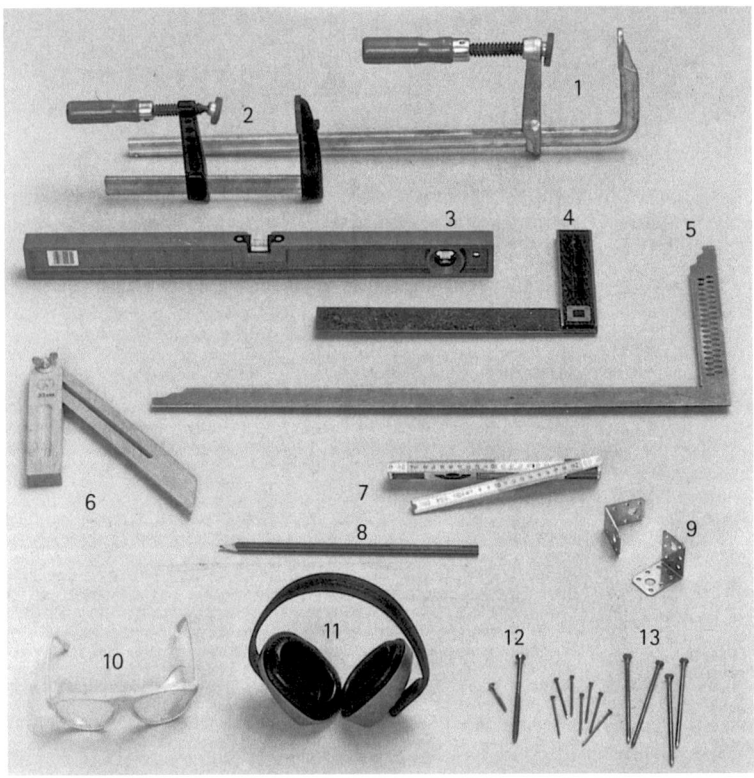

Werkzeug

1 Ganzstahlzwinge
2 Tempergusszwinge
3 Wasserwaage
4 Schreinerwinkel
5 Lochwinkel,
   Zimmermannswinkel
6 Schmiege
7 Meterstab, Zollstock
8 Zimmermannsbleistift
9 Blechformteile (Winkel)
10 Schutzbrille
11 Kapsel-Gehörschutz
12 Senk-Holzschraube mit
   Kreuzschlitz
13 Nägel bzw. Drahtstifte

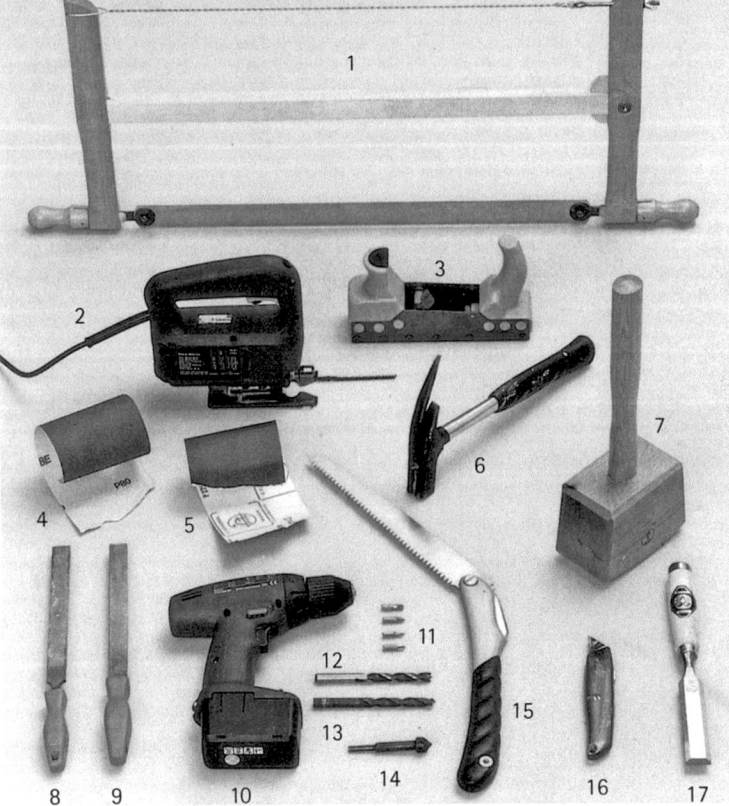

1 Gestellsäge (Spannsäge)
2 Elektrische Stichsäge
3 Handhobel
4 Schleifpapier,
   Körnung 80
5 Schleifpapier,
   Körnung 220
6 Zimmererhammer,
   Latthammer
7 Klüpfel
8 Raspel
9 Feile
10 Akku-Schrauber,
   Bohrmaschine
11 (Bits), z.B. Kreuzschlitz-
   u. Vielzahnschraubeneinsatz
12 Holzbohrer mit
   Zentrierspitze
13 Metallbohrer
14 Senker
15 Klappsäge
16 Teppichmesser
17 Stemmeisen, Stechbeitel

Bildnachweis

Die Ziffern beziehen sich auf die Seite, die Ziffern in der Klammer auf die Abb.

Abkürzungen:
BFS: Ballenberg, Freilichtmuseum der Schweiz
CFS: Chelsea Flower Show
FG: Freilichtmuseum Glentleiten des Bezirks Oberbayern
SFG: Salzburger Freilichtmuseum Großgmain

Archiv Howcroft, Zeichnungen Peter Howcroft: 14 (oben), 16 (16), 27 (32), 30 (36), 31(37), 33 (44), 35 (47 nach „Mit Holz bauen", ARGE Holz, 30 (36), 31 (38), 33 (44), 34 (46), 36 (48), 42 (62), 43 (64, 65), 45 (69 D: Heidi Howcroft), 47 (73, aus „Les Roses", Gemen & Bourg, 1908), 50 (78 aus „Vie à la Campagne", 1936), 64 (103, D: Heidi Howcroft), 65 (105 aus „Les Roses", Gemen & Bourg, 1908), 78, (129, York Gate, England), 86 (148 aus „Making Twig Furniture and Household Things", Abby Ruoff, Vancouver, BC 1991), 87 (149 aus „Astwerk & Stangenholz", Widmayer's Verlag, München, 1909), 97 (163, 164),106 (175, 176), 107 (177), 112, 113, 119 nach „Timber for Woodworkers", Evan Brothers, London 1959, 126 D: Peter Howcroft, 127, 129, 130, 131, 132, 133 und 134 oben nach „Bauen mit Holz im Park und Garten", Hallmann/Rohn/Lingau, München 1984, 134 unten nach Katalog BMF, Baubeschläge GmbH, 136 nach „Bauen mit Holz im Park und Garten", Hallmann/Rohn/Lingau, München 1984, 137 nach Katalog BMF, Baubeschläge GmbH, 138

Christopher Dew: 90, 91, 92 (10 Feir Mill Enterprises Ontario, Kanada)

Heidi Howcroft: 6 (1),7 (2), 10 (6 Hunting Brook Garden, Irland D: Jimi Blake, 8, Yeo Valley Organic Garden, Somerset, England), 11 (9 Lowder Mill, England), 12(11), 14 (12), 15 (13), 16 (14 Biohof Schüpfenried, Uettiligen, Schweiz, Arch: Kurt Ryser), 22 (22 D. John Makepeace, 23), 23 (26 Privatgarten Luxemburg, Bausatz NaturaGart®), 24 (27 Kelmscott Garden, England, 28 Helmsley Walled Garden, England), 27 (31 Kellie Castle Gardens, Schottland), 28 (34), 29 (35, BFS), 31 (37), 32 (40 American Museum & Gardens in Britain, 41 The Outdoor Art Club, Mill Valley, Kalifornien, USA), 37 (49 Cluny Gardens, Schottland, 50 Dunard Garden, Schottland, 51 Mindrum Garden, England), 39 (54, 55 Caher Bridge Garden, Irland, 56 SFG), 40 (59 Filoli, Kalifornien, USA, 60 Palacio de Oca, Spanien), 43 (63 Château de Brécy, Frankreich), 44 (66 Schloss Schwetzingen, 67 La Serre de la Madone, Frankreich), 46 (71 Kelmscott Garden, England), 47 (72 Schlossgarten Schwerin, 74 Houghton Hall, England), 50 (77), 52 (80 D: George Carter, Columbine Hall, England, 81 Houghton Hall, England, 82 Wyken Hall, England), 54 (83 The Old Rectory, Pulham, England), 56 (85 East Lambrook Manor Gardens, England), 58(87), (88 Burggarten, Schloss Schwerin), 59 (89 Château de Brécy, Frankreich, 90, BFS, 91), 60 (92 D: Antoine Pierson, Tullynally, Irland, 93 D: Marc Whitman und Tara Saylor, Botanic Garden, Santa Barbara, USA, 94, D: Fürst Fugger-de Polignac), 61 (96 Cranborne Manor, England), 62 (97 Glendurgan, England, 99), 63 (101, 102 Cranborne Manor, England), 70 (110 Castle Drogo, England, D: Taylor-Made Play Equipment, St. Mawgan, England), 74 (116 D; Gaze Burvill, 117 D: John Makepeace, 118 D: Andy Sturgeon, 119 Hunting Brook Gardens, Irland), 75 (120 Château de Brécy, Frankreich), 76 (122, 123 D: John Makepeace), 77 (124, Sessel D: Sandro Signoroni , Schaugarten Biohof Schüpfenreid, Uettiligen, Schweiz, D: Michale Schulz, 125 Kellie Castle Gardens, Schottland, 126 Gartenmöbel D: Brian Hendrick, Hunting Brook Gardens, Irland D: Jimi Blake), 78 (127, 130 SFG), 79 (131 The Old Rectory, Pulham, England), 81(134 FG, 135 SFG, 136 SFG), 82 (137 RHS Rosemoor, England, 138 SFG, 139 SFG, 140 SFG), 82 (141 Stourhead, England), 84 (143 Dunham Massey, England, 144 Ickworth, England, (145 und 146 Trelissick Garden, England), 85 (147 Woolbeding, England), 87 (150), 88 (151 und 152 Yeo Valley Organic Garden, England), 93 (154 FG), 94(156 SFG), 96 (159, 161 English Hurdle), 97 (162 RHS Rosemoor, England, 165, 166 English Hurdle, 168 „ The Stag", Anna Cross, RHS Harlow Carr, England), 99 (169 D: HRH Prince of Wales with Jinny Blom, The Healing Garden CFS, 170 Snowshill Manor, England, 171, 173 The Lost Gardens of Heligan, D: Serena de la Hey), 107 (179) 108 (181), 109 (182 Viktualienmarkt, München, 183, Cothay Manor Gardens, England), 110 (184 East Lambrook Manor Gardens, England), 120 (185 John Makepeace), 124 (186 June Blake's Garden, Irland D: June Blake), 132 (188)

High Weald Design: 80 (132)

Gudrun Lehneis: 20 (20, Gärten Mien Ruys, Niederlande)

Claudia Lorenz-Ladener: 25 (30), 31 (39), 33 (43), 38 (52), 39 (57), 78 (128), 80 (133), 94 (155,157), 98 (166)

Marianne Majerus: 16 (15 Privatgarten, Irland, D: Dominick Murphy), 20 (19 Wyken Hall, England), 22 (24 Lowder Mill, England), 23 (25 Privatgarten Luxemburg), 28 (33 D: Sara Jane Rothwell), 38 (53 D: George Carter), 45 (68 D: McWilliam Studio), 48 (75), 49 (76 D: Selina Botham), 55 (84 Domaine Claude Bentz, Luxemburg), 57 (86 D: Theresa Mary Morton), 63 (100 D: Kathy Fries, Seatle, USA), 64 (104 D: Propagating Dan), 65 (106 Les Jardins de Séricourt, Frankreich), 71 (111, Copyfold Hollow, England), 72 (112 D: Bunny Guinness und Sue und Peter Farrell), 73 (113 Eden, Belgien), (114 D: Sara Jane Rothwell und JoanMa Roig)

George Meister: 17 (17) und 20 (21 D: LA Wolfgang Niemeyer & Arch. Robert Rappold), 42 (61), 51, 60 (95, D: Berufsbildungsstätte der Bauinnung München), 66 (107, Schloss Ramenau), 67 (108), 68, 69, 70 (109 D: Berufsbildungsstätte der Bauinnung München), 96 (160), 105, 107 (178, 180), 111, 115, 116, 117, 128, 132 unten links, 140

Nature+ Science/Wolfram Stehling: 13, 18 (18), 19

Gary Rogers: 8 (3,4, 5 D: Dan Pearson, Evening Standard Garden, CFS), 10 (7), 25 (30), 33 (42), 34 (45 D: Bunny Guinness & Wyevale Design Team: A Writer's Garden, CFS), 40 (58 D: Clifton Landscape & Design, Harpers & Queen Classic Garden CFS), 46 (70, Puschkin Garten, St. Petersburg, Russland), 50 (79, D: Sir Roy Strong & Dr. Julia Trevelyan-Oman), 62 (98 D: Frances Machin), 74 (115 Barrington Court, England), 76 (121), 99 (172), 124 (187)

Anne Roberts, Don Cochrane, 89 (153, Feir Mill Enterprises, Kanada)

Staatl. Berufsfachschule für Flechtgestaltung, Lichtenfels: 95 (158), 100 -104, 106 (175), 77 – 81, 83 (125, 126)

John de Visser: 92 (11 Feir Mill Enterprises, Kanada)

Hedwig Zdrazil: 83 (142)

Dank

Ohne die Unterstützung und das Wissen begeisterter Handwerker wäre dieses Buch nicht möglich gewesen. An erster Stelle geht mein Dank an die Bauinnung München, vor allem an Zimmerermeister Wolfgang Weigl, der sowohl die Rosenbögen als auch das Spielhaus entworfen, beides mit seinen damaligen Lehrlingen ausgeführt und anschließend die Arbeitsschritte überprüft hat. Ebenfalls zu danken ist der Staatlichen Berufsfachschule für Flechtgestaltung in Lichtenfels und dem ehemaligen Schuldirektor Alfred Schneider. Es wurde mir nicht nur Bildmaterial überlassen, sondern auch wertvolle Hinweise zum Thema Flechten. Dank auch an Anne Roberts und Dan Cochrane in Kanada, die großzügig die Geheimnisse des Stuhlbaus mit mir teilten.

Mein Dank geht weiterhin an die Fotografen George Meister, Gary Rogers und Marianne Majerus sowie an Nature + Science für die Überlassung der Bilder von Wolfram Stehling.
Nicht jeder hat die Möglichkeit, ein Buch immer wieder aufzufrischen und zu ergänzen. So geht mein herzlicher Dank an den ökobuch Verlag, seit 2021 unter der Leitung von Ulf Behrmann.

Bereits als Kind war ich von Bäumen und Holz fasziniert, eine Leidenschaft, die ich mit meinem Bruder Peter geteilt habe. Handwerk war so sehr ein Teil unseres Lebens, dass Peter sich ganz dem Holz widmete. Er lieferte einen wichtigen Beitrag zum Buch, nicht nur durch die zahlreichen Zeichnungen, sondern auch durch den Austausch, den wir über die Jahre pflegten. Er ebenso wie andere, die an dem Buch mitgewirkt haben, sind inzwischen im Handwerkerhimmel. Ich kann ihnen allen nur danken, indem ich ihre Leidenschaft und Kenntnisse weitervermittle.

Literatur

The Fence Bible. Jeff Beneke, Storey Publishing, Northway, MA, USA 2005

Timber for Woodworkers. Evan Brother's, London 1959

Handwerkliche Holzverbindungen der Zimmerer. Manfred Gerner, Stuttgart 1992

Behandlung von Holz im Freien. bearbeitet von Günther Harkort, Stuttgart 1987

Woodworking Projects for the Garden. Richard Freudenberger, New York 1994

How to Build Wooden Gates and Pickets Fences. Kevin Geist, Mechanicsburg, 1994

Les Roses par Gemen & Bourg à Luxembourg, 2me Édition, Arlon, Belgium um 1908

Fences Authentic Details for Design and Restoration. Peter J. Harrison, New York, USA 1999

Bauen mit Holz im Park und Garten, Hallmann/Rohn/Lingau, München 1984

Hecken und Zäune, Gitter und Mauern. Heidi Howcroft, München 1993

Bauen mit Holz im Garten. Heidi Howcroft, München 1998

Collins Good Woodworking Guide. Albert Jackson and David Day, London 1996

Grundwissen des Zimmerers. Franz Krämer, Karlsruhe 1991

Das Zimmermanns Buch. Theodor Krauth und Peter Sales Meyer, 1895 Leipzig (Reprint)

Green Woodworking. Drew Langsner, Ashville, USA 1995

Making Bentwood Trellises, Arbors, Gates and Fences. Jim Long, USA 1998

Die wunderbare Welt der Baumhäuser. Pete Nelson, Wien 2004

Holzbaukunst, Der Blockbau. Hermann Phleps, Karlsruhe 1981

Making Twig Furniture and Household Things. Abby Ruoff, Vancouver 1991

Gartenhäuser, Pergolen, Rankgitter. Siegfried Stein, München 1997

Traditional Woodland Crafts. Raymond Tabor, London, 1994

Astwerk & Stangenholz, Widmayer's Verlag, München, 1909

Ausstellungskataloge:

Zäune, Gitter, Tore. Handwerkspflege in Bayern, München 1986

Die Schönheit der Spaliere. Handwerkspflege in Bayern 1988